MAIO DE 68

EXPLICADO A

NICOLAS SARKOZY

ANDRÉ GLUCKSMANN
RAPHAËL GLUCKSMANN

MAIO DE 68
EXPLICADO A
NICOLAS SARKOZY

Tradução de
ANDRÉ TELLES

EDITORA RECORD
RIO DE JANEIRO • SÃO PAULO
2008

CIP-Brasil. Catalogação-na-fonte
Sindicato Nacional dos Editores de Livros, RJ.

Glucksmann, André, 1937-
G489m Maio de 68 explicado a Nicolas Sarkozy / André Glucksmann, Raphaël Glucksmann; tradução André Telles. – Rio de Janeiro: Record, 2008.

Tradução de: Mai 68 expliqué à Nicolas Sarkozy
ISBN 978-85-01-08228-2

1. 1968. 2. Movimentos de protesto – França. I. Glucksmann, Raphaël. II. Título.

08-1176 CDD – 909.826
CDU – 94(44)

Título original em francês:
MAI 68 EXPLIQUÉ À NICOLAS SARKOZY

Direitos exclusivos de publicação em língua portuguesa para o Brasil adquiridos pela
EDITORA RECORD LTDA.
Rua Argentina 171 – Rio de Janeiro, RJ – 20921-380 – Tel.: 2585-2000
que se reserva a propriedade literária desta tradução

Impresso no Brasil

ISBN 978-85-01-08228-2

PEDIDOS PELO REEMBOLSO POSTAL
Caixa Postal 23.052
Rio de Janeiro, RJ – 20922-970

A nossas princesas do Cáucaso

Sumário

Modo de usar

Este livro nasce em 29 de abril de 2007, no Palácio de Esportes de Bercy. Durante o último comício eleitoral de Nicolas Sarkozy, um espectro renasceu de um passado que julgávamos enterrado, como um dos crimes esquecidos da série *Cold Case*: quarenta anos depois, o *caso 68* é reaberto com estardalhaço e se impõe como o pomo da discórdia das eleições presidenciais.

A França e o mundo mudaram depois dos famosos "acontecimentos de Maio": o gaullismo e o comunismo não dominam mais os pensamentos e a cena política, o Muro de Berlim e as torres gêmeas de Manhattan foram abaixo, a Guerra Fria terminou, as guerras quentes do pós-comunismo ocuparam seu lugar, um terrorismo niilista ameaça todos os quadrantes, a aids açoita o planeta, a Europa democrática está em parte reunificada, dois genocídios, no Camboja e em Ruanda, vieram agravar as responsabilidades de uma incorrigível humanidade, o euro substituiu o franco, a esquerda tomou o poder para depois perdê-lo, os ex-revolucionários viraram moderados, a interrupção voluntária da gravidez, a pílula do aborto e o Pacs*

*O Pacto Civil de Solidariedade, que permite a casais (homossexuais ou heterossexuais) legalizarem sua união mediante um contrato específico, entrou em vigor na França em decorrência de uma lei votada em 15 de novembro de 1999. (*N.T.*)

são agora conquistas consensuais... O século XX está morto, um novo milênio tem início. Qual é a atualidade de 68 em 2007?

Na segunda de suas Considerações intempestivas, Nietzsche opõe, à "história de antiquários" dos arquivistas, inúteis colecionadores de poeira, e à "história monumental" dos construtores de palácios, estéreis adoradores de túmulos pomposamente vazios, uma "história crítica", tribunal iconoclasta em que o esquecimento, implacável inquisidor do tempo presente, julga, seleciona, pensa, condena ou redime um passado fragmentado.

Não queremos salvar das garras do terrível promotor nem a língua morta dos *groupies* da revolução nem a crônica de uma tomada do Palácio de Inverno, que, felizmente, nunca aconteceu. Não pretendemos mais contribuir para o mito criado por esses fetichistas de cabelos grisalhos que se prosternam diante do símbolo ossificado de sua juventude fenecida como Félicité diante de seu papagaio empalhado em *Um coração simples*, de Flaubert.

Partindo desse anúncio de ruptura que, a nosso ver, é a eleição de 2007, indagamos o que continua a fazer sentido nessa outra ruptura, Maio de 68. Falamos resolutamente a partir do presente, para ele. Será que alguma parte de 68 ainda respira, atua e vive em 2008?

ATO I

Cold Case

por André e Raphaël Glucksmann

DIÁLOGO

RG: No começo era o verbo, um verbo violento, polêmico. Em 29 de abril de 2007, estamos em Bercy quando Nicolas Sarkozy exorta suas tropas a "liquidar a herança de Maio de 68".

Tenho dez anos a menos que o acontecimento por ele mencionado, e sua veemência me deixa pasmo. Por que atacar 68 quando se luta pela Presidência para 2007-2012? Não haveria problemas mais palpitantes a tratar, fissuras mais atuais a assumir, erros mais recentes a denunciar?

A "ruptura" que defendemos, a que nos trouxe para cá, para junto de uma turma de direita que não conhecemos, e vice-versa, é a ruptura com trinta anos de desemprego, paralisia e discriminações, impotência política e apatia social, diplomacia imoral e cinismo ineficiente, de "Françáfrica" e de antiamericanismo, e não, a priori, *a ruptura com 68.*

Sinto me, portanto, constrangido. Sobretudo por você. Você participa, após tantas recusas, do seu primeiro comício eleitoral e é obrigado a ouvir o "seu" candidato implicar com o "seu" Maio, esse Maio que sempre o ouvi defender. Para minha grande surpresa, encontro-o com um sorriso nos lábios. Por quê?

A.G.: Realmente, eu ri muito. Veja bem, quarenta anos após os fatos, "meu" candidato dá uma de Lili Rush, a bela heroína da série americana *Cold Case*, pega um dossiê amarelecido pelos anos, examina as impressões digitais, denuncia o culpado e ressuscita uma controvérsia moribunda.

Traduzimos *cold case* por "caso sigiloso". Caso congelado, na verdade, que repercute fortuitamente na atualidade. Os investigadores reconstituem em *flashback* a cena do crime, convocam os sobreviventes e ressuscitam mortos, testemunhas e vítimas de um crime não elucidado. A detetive loura vasculha miseráveis caixas de papelão bege. Sob a cruel luz fria, destrincha toneladas de arquivos abandonados nos calabouços encardidos de uma célula do FBI. Um vestígio de DNA, um cabelo, uma gota seca de sangue, uma escama de pele são o suficiente. Mediante o bisturi dos legistas, ao microscópio, peritos fazem falar cadáveres apodrecidos e esqueletos: o culpado é desmascarado.

E, aparentemente, nossa Lily Rush nacional tem muito trabalho pela frente: crise educacional, triunfo do cinismo e do relativismo, reinado da indolência, apologia da delinqüência, todos os pecados da atualidade derivariam do *caso* 68.

Acha que em 1968 nos preocupávamos com 1928, com Aristide Briand ou Raymond Poincaré? Ao escutar Nicolas Sarkozy exaltar-se em Bercy, imagino que, na minha relativa juventude, devo ter participado de uma coisa interessantíssima para que ele a rememore com tanta paixão. Os "acontecimentos de Maio", assim eles são conhecidos na falta de algo melhor, venceram o tempo, estão vivos.

Esse retorno imprevisto desmente, em todo caso, a opinião dos antagonistas do "movimento", os quais, como Raymond Aron, o consideraram um simples psicodrama, um impulso de acne juvenil, "uma revolução imponderável", ou, nas palavras de Georges Marchais, um complô de vagabundos. Prometer, na véspera de um escrutínio decisivo, "neste instante tão grave, tão solene, tão único na vida de um homem", "virar a página de Maio de 68", seria conceder uma importância descomedida a uma simples passeata estudantil. É forçoso constatar que o carrossel continua a girar.

Entre os vips, na floresta dos estandartes tricolores e dos "Sarko-Président!", na companhia da minha querida bem-amada, pego-me a devanear. Pensar que atravessei Maio de 68 por amor, por ela...

Por amor, não pela revolução?

Pela luta final? Eu achava que já a tinha travado, adolescente. Como atestava minha honrosa exclusão das fileiras comunistas em 1956, por terem vomitado os tanques russos em Budapeste, pelo já calamitoso Roger Garaudy.

Maio de 68. Faz alguns dias que os estudantes brincam de polícia-e-ladrão nas ruas de Paris, observo-os de longe, agitando-se. Já se vão alguns anos que deixei o pátio de recreio. Meu primeiro livro, *Le discours de la guerre*,[1] acaba de ser publicado. É um misto erudito de filosofia, estratégia militar, dissuasão nuclear e teoria dos conjuntos. Clausewitz contra Hegel. Os matemáticos do CNRS e os generais da Escola Militar apreciam. Dou um pito, educado, em Aron acerca das proezas de seu amigo MacNamara no Vietnã. Tomo uns tragos com Barthes e Lacan me nobilita. Althusser, o papa do marxismo, se oferece para explicar o "meu Hegel" em seu seminário. Uma brilhante carreira universitária se anuncia, tenho os cabelos nem muito compridos nem muito curtos, minhas roupas são Lassance, de liquidação, e a revolução me entedia.

---

[1] L'Herne, 1967.

Mas nada é definitivo e paixão não é coisa que se decrete. Imagine: uma moça de olhos amarelos que se pretende uma Louise Brooks revoltada, mas que a meus olhos parece antes saída de uma tela de Gustave Moreau. Uma Salomé de calça Levi's e camiseta me puxa pela mão. Diz: "Você vem ou não vem?", e insiste: "Senão, está terminado." Vou atrás dela.

Paris está em ebulição. Encontro o pasmo, a "admiração", paixão filosófica por excelência de acordo com Descartes. Ela tem razão, é perturbador uma capital amotinada, uma cidade que esguicha discursos e recria o mundo na esquina da rua. Você nada em plena literatura. Encontra garotas ávidas por igualdade, irradiando liberdade, e rapazes brilhantes, extravagantes, filhos de família ou adolescentes dos bairros. Fábricas abrem as portas, operárias relatam seu dia-a-dia e juram "nunca mais" aceitar a linha de montagem, o ritmo de produção, o cansaço, o tédio, a sujeira, a mão no rabo, os chefinhos, os chefões, os machistas, o metrô, trabalho, cama. Em Maio de 68, Paris é um poema. Em 2007, é um prazer surfar nas neves de outros tempos.

Ao escutar Sarkozy em Bercy, você então não se pergunta o que está fazendo nesse barco? Não vê que esse lado, a direita, não é o seu, que muitos confrontos passados e muitas lutas futuras os separam?

Não, nem por um segundo. Pensando como Stendhal, para quem devemos ser "ateus" em política, decido em função de situações dadas e alternativas possíveis. Fé, tradição, família, legado, desconfio de tudo isso como da peste e estou me lixando para a noção de "lado".

Há décadas, reticente quanto à manipulação das massas inerente às concentrações populares, estabeleço como regra pessoal não participar senão de reuniões que abordem assuntos precisos: dissidência soviética, *boat people*, Afeganistão, Bósnia, Argélia, Darfur, Chechênia... O coração do mundo não é um rio comprido e tranqüilo, eu não parei de trabalhar. Em contrapartida, não mergulhei em nenhuma campanha eleitoral, exceção feita, e também muito vagamente, para Dany Cohn-Bendit nas eleições européias de 1999. Ele é meu amigo. Não sou filiado ao comitê de apoio a Nicolas Sarkozy, aliás, nem sei se ele existe.

Fim de janeiro de 2007, entre Ségo e Sarko, o resultado permanecia imprevisível, mas eu rejeitava uma França congelada em museu-hospital, entregue às infecções nosocomiais: egoísmos, discriminações, furores, depressões. Escrevo no *Le Monde* um artigo intitulado "Escolhi Nicolas Sarkozy". Nele, exponho um anseio preciso: uma aproximação "Sarkozy-Kouchner", o que me vale sorrisos apiedados dos peritos — "incorrigível ingênuo", "doce sonhador". Você não imagina os "limites" e as "concessões" que aceitei, o que me dispus a aturar, "traidor" não passando de um delicado vocábulo entre os nomes de animais com que me vi paramentado. Publicado o artigo, deixei cada um julgar por si, afugentei televisões e rádios e me recusei a dar uma de vip em Marselha ou de cabo eleitoral na Mutualité.*

Fim de abril, a campanha está na reta final. A eleição ameaça transformar-se em referendo, a esquerda insinuando que um voto "Royal" equivale a um "Não". A palavra de or-

*Mutualité: trata-se da Maison de la Mutualité, centro de conferências, em Paris, utilizado com freqüência para encontros e comícios políticos. (*N.T.*)

dem é fechar as portas, custe o que custar, para o "perigoso" candidato, xingado de "autoritário", "racista" e, até mesmo, "fascistóide". A atmosfera beira a histeria. Atmosfera estúpida. O acaso de um encontro me determina a me engajar ainda mais.

Paris, 3 horas da tarde, o metrô está praticamente vazio. Diante de mim, uma moça senta-se com um lindo bebê enfiado num carrinho. A criança sorri para mim, e lhe respondo. Pronto, começamos a entabular longas palavras mudas. Algumas estações adiante, a mulher se levanta, o neném agita a mão, "até logo!". É quando se aproxima um homem de idade mediana, expressão afável e bem vestido: "O senhor é o Glucksmann? — Sou. — Estou a observá-lo há um bom tempo — prossegue ele sem agressividade —, como pode sorrir para uma criança e votar em Sarkozy?"

Nos arredores das escolas, os cartazes oficiais estampam o candidato de direita pichado com bigodes e a franja do Führer. "Sarko-fascista", "Sarko-Hitler", "Sarko-Mussolini", as pichações nos muros cheiram a burrice. "Sarko gringo" exala um perfume mais sórdido. Para piorar as coisas, essa operação eleitoral é organizada por amigos meus, sob os auspícios de um sinistro "TSS", "Tudo Exceto Sarkozy", que traduzo por "Tudo Exceto a Ruptura".

Dirijo-me então a Bercy a fim de reagir à cafajestada, esperando, com minha humilde presença, "desdemonizar" um candidato que não é satânico a não ser aos olhos do catecismo de uma esquerda sem idéias. Apóio o triturador de Le Pen, aquele que saudou a França plural, os estrangeiros, republicanos espanhóis, judeus, armênios, que lutaram para que a França sobrevivesse. Vou lá para dizer que ele é o candidato da abertura contra as discriminações sociais e racistas, da abertura do mercado de trabalho contra o desemprego, da abertura da diplomacia aos direitos humanos contra a *realpolitik*. Apóio o candidato que denuncia o calvário das enfermeiras búlgaras, de Ingrid Betancourt, de Darfur e da Chechênia, de seus duzentos mil mortos, o candidato que foi até Kiev no dia seguinte à revolução laranja, o amigo da Geórgia das rosas e o inimigo declarado das redes françafricanas, as quais têm uma parcela de responsabilidade no último genocídio do século XX, em Ruanda.

Lembro-me de haver construído minha alocução em cima da palavra "abertura". Meus amigos me criticaram por isso, dizendo: mais sectário que Sarkozy, você morre. A nomeação imediata de Kouchner e depois a de Fadela Amara, Hirsh, Joyet ou Besson para o governo deixaram-nos estarrecidos.

Também fui lá para concordar com seu diagnóstico: é hora de romper com trinta anos (e não cinco, como diz a esquerda) de negação da política e dos valores universais da França. Ironia do destino? É de pé, diante de Dominique de Villepin, encarnação dessa postura cínica, que pronuncio meu pequeno discurso.

É a vez de Sarkozy. E ele se entrega a isso feliz da vida. Ele, que, mero colegial, nada conheceu das delícias das panfletagens, da festa da palavra livre, das greves operárias, das universidades e das fábricas abertas, oferece-nos um relato ridículo de um tempo feliz da minha mocidade. Rio amarelo? Não. Ranjo os dentes? Não. Detesto-o? Não, rio gostosamente.

Em *L'Aube, le Soir ou la Nuit*,[2] Yasmina Reza conta:

[2]Flammarion, 2007.

Nicolas (repetindo uma frase de seu discurso de Bercy): Entre Jules Ferry e 68, eles preferiram 68... Bom, isso beira a má-fé...

Y: Fico feliz de ouvi-lo dizer isso...

Nicolas (rindo): É. Chega a assustar de tanta má-fé, mas, afinal, precisamos ir em frente!

Nicolas vai em frente. A manobra é hábil. Aprecio a oportunidade e o *timing*. Nas retaguardas eleitorais, consciências persuadidas de serem de "esquerda-por-toda-a-vida" ruminam uma "frente" que elas chamam de "republicana", às vezes de "antifascista". Um arco que varresse o céu embotado da esquerda radical à centro-direita. Seu trunfo?

Nunca apoiar nem os partidários do "sim" no referendo sobre a Europa nem os que fizeram o "não" triunfar, nem os que são denunciados como "socialistas liberais" nem os que veneram suas saudosas épocas estatizantes, nem os pró-palestinos nem os amigos de Israel, nem os laicos nem os islamófilos, nem os atlantistas nem os soberanistas, nem os que celebram as 35 horas nem os que as lamentam, nem os que querem limitar a imigração clandestina nem os que querem regularizações em massa etc.

Para pescar todos esses peixes, Ségolène Royal diz uma coisa e seu oposto. Como não quer magoar ninguém, o "círculo virtuoso" das uniões sagradas a condena a rodopiar no vazio. A madona contra o bicho-papão? O espantalho permite que nos emancipemos do princípio de não-contradição, ao qual, provavelmente por atavismo, permaneço profundamente ligado. A Santa Aliança visada emana de um surrealismo sem poeta. Então, como guerra é guerra, Sarkozy vai para o tudo ou nada, e 68 parece que deixou de ser o pior alvo tático.

Besancenot-Royal-Bayou, o improvável *ménage à trois*, unem-se em torno da ausência de conceitos comuns, o *caso* 68 deve pronunciar o divórcio. O ataque verbal de Bercy rompe a união da UDF e da LCR: como o partidário de Trotski e o êmulo de João Paulo II poderiam estar de acordo acerca desse polêmico segmento da história?

O alvo principal de Sarkozy é o meu querido Dany, um dos artífices da operação faxina. Contemplo, fascinado, Nicolas esgoelar-se na tribuna, com a insolência que caracterizou os atores de Maio e, na primeira fila, seu líder. A cena é reapresentada ao avesso. O Dany de 2007 empenha-se com dificuldade, diplomata e conciliador da sombra. Exatamente o que os militantes de 68 tanto haviam detestado e desprezado, o que desqualificavam como "tramóias": as manobras de aparelho urdidas nas costas dos insurgentes, as iniciativas conspiratórias de Mitterrand quando fazia de tudo para propor governos de araque preparados em obscuras cozinhas.

Pobre Dany, que veste a fantasia de alcoviteira, enquanto Nicolas reassume o papel do desordeiro e do estraga-prazeres! Ao voltar de Bercy, recebo uma ligação. O mesmo Dany perde o bom humor e a educação, ofega: "Como você pôde?" Dias depois o libertário pega a caneta, de mãos dadas com Geismar, e me excomunga no *Libération*...

O golpe tático de Bercy inscreve-se na estratégia adotada por Sarkozy desde 2002: polarizar o debate em torno de suas tomadas de posição, reinventar celeumas, criar o dissenso em vez do consenso. Essa opção pelo conflito é em si uma ruptura comparável aos hábitos conciliadores de Mitterrand em 1988 ou de Chirac em 1995 e 2002. Ela contribui amplamente para o despertar cívico que caracteriza a campanha.

Hoje nos explicam que Sarkozy não podia perder. Fenômeno do espírito humano, que torna tudo irreversível a posteriori. Mas a aposta na divisão era arriscada. Diversos comentadores discorriam então sobre o excelente candidato de primeiro turno que seria fatalmente um mau candidato de segundo turno. E, na noite dos seus 31%, Sarkozy procura logicamente amenizar sua imagem. Lança um apelo clássico à conciliação, "normaliza-se".

Subitamente, Royal emancipa-se dos caciques do PS e do superego esquerdista. Rouba a atenção aproximando-se espetacularmente da UDF e de Bayrou. Pela primeira vez, no pior momento, Sarkozy não representa mais o movimento. É obrigado a retomar as rédeas e, coisa inusitada a uma semana do segundo turno, pronuncia o discurso mais violento de sua campanha. Sobre 68.

Golpe tático magistral, portanto, mas não apenas isso. O que é dito em Bercy pede uma resposta de conteúdo. Maio de 68 é, sim ou não, responsável pelo esmorecimento dos valores comuns, o desastre educacional, o individualismo triunfante, a degenerescência das instituições?

Citemos literalmente o libelo sarkozista: "Maio de 68 nos impusera o relativismo intelectual e moral. Os herdeiros de Maio de 68 haviam impingido a idéia de que tudo se equivalia, de que não existia diferença entre o bem e o mal (...). Haviam proclamado que tudo era permitido, que a autoridade estava morta (...). A herança de Maio de 68 liquidou a escola de Jules Ferry." 68 é acusado de haver "introduzido o cinismo na sociedade e na política", permitido "o culto do vil metal e as distorções do capitalismo financeiro", e, como se não bastasse, de estar na origem dos "salários de marajá e dos empresários espertalhões". Não vejo nisso apenas motivo de riso...

Esses ataques são de uma rara violência. E, embora sua investida tenha me feito sorrir, assim que voltei para casa enviei-lhe um *e-mail* para tentar "endireitar o leme". Escrevi:

> "Caro Nicolas,
>
> Como é bom tomar como alvo os retrógrados de Maio de 68, que querem reeditar o golpe do 'fascismo não passará'.
>
> Da mesma forma, a retórica contra 68 corre o risco de, quando demasiadamente unilateral, criar uma rejeição em eleitores de mais de 60 anos e de menos de 25. Os primeiros, porque têm boas recordações, os últimos, belos sonhos.
>
> Sejamos sérios:
>
> — Trata-se da maior greve operária da história da França e do mundo, daí um legítimo sentimento de dignidade do trabalhador (foi, em certo sentido, maior que a Frente Popular).
>
> — Trata-se de conquistas sociais (Acordos de Grenelle).
>
> — Trata-se de uma desobstrução da sociedade francesa.
>
> — Trata-se de uma 'crise de civilização' (Malraux enalteceu-a). Como toda crise, produz o melhor e o pior.
>
> O pior é uma acomodação a um niilismo que já existia antes e em outros lugares, do qual você falou em Bercy.
>
> O melhor, do que você não fala, é, particularmente na França, o espírito antitotalitário, a contestação aos 'crápulas stalinistas', o início do fim do Partido Comunista Francês.
>
> Georges Marchais condenou Maio de 68 dizendo: é um 'complô' gaullista...
>
> Na minha opinião, o herdeiro do discurso intempestivo de Maio de 68 é você.
>
> O *slogan* que você pode adotar é: 'Quando a coisa é insuportável, não suportamos mais.'"

Sim, a agressão dele toca no nervo. Mas que nervo? Ele ataca, estou convencido disso, o que ficou conhecido como "espírito de Maio". Não a experiência da liberdade, da rua, das fábricas ocupadas, mas um fantasma, uma ilusão retrospectiva, um simulacro levado ao seu ápice mitológico quando François Mitterrand, dez anos mais tarde, enfeita com ele seu "Programa Comum" com os comunistas. O embrulho de presente de recordações embaçadas e pasteurizadas transforma a geração de 68 em porta-voz moderado de uma revolução dos costumes, antiautoritária e boa filha, a qual serve de justificativa para todas as mudanças de lado cínicas. O espírito de Maio fetichiza uma geração e desativa sua subversão.

Nicolas Sarkozy não podia de jeito nenhum, após ter massacrado Chirac durante cinco anos, acrescentar Mitterrand a seus troféus de caça. 68 vai lhe servir de *punching-ball* e válvula de escape. Atacar o que subsiste de alma de uma esquerda em agonia não interessa a ninguém. Seu alvo: quinze anos de poder socialista.

Compreendo que você seja ao mesmo tempo favorável a 68 e a Nicolas Sarkozy, concebo que você possa ver nisso uma forma de coerência, mas é preciso optar. O discurso de Bercy visa decerto ao espólio dos socialistas. Nem por isso deixa de atacar diretamente os slogans, *os motores ideológicos de Maio. E essa crítica não cai do céu, é amplamente partilhada pela opinião pública, sobretudo no seio da minha geração, que se constitui, como todas as outras, zombando das precedentes.*

Vocês são censurados por haverem colocado, em Maio, um sinal de igualdade entre o professor e o aluno, o CRS e o SS, o médico e o doente, o pai e o filho... Supressão das referências,*

---

*CRS: Compagnies Républicaines de Sécurité, órgão da Gendarmerie Nationale, a sigla sendo usada também para designar um policial (como no caso). (*N.T.*)

abolição das diferenças, antiautoritarismo inflexível, negação dos limites: o "movimento" não abre caminho para o relativismo? Como estabelecer uma hierarquia de valores berrando "CRS-SS"!? Como construir uma identidade coletiva em torno de princípios como "Gozemos sem freios!" e "É proibido proibir"?

Trata-se, nesse caso, de um erro de óptica, que pessoas de esquerda e direita partilham, tanto Dany como Nicolas.

O "movimento" não trazia nenhuma solução para o caminhão de problemas que levantava. Longe de ser um manancial de respostas, suas contestações não traduziam um programa de governo. Não é preciso propostas alternativas para emitir uma crítica legítima.

Se tomarmos os *slogans* ao pé da letra, Nicolas Sarkozy confunde clamores com ruptura e provocações explosivas de humor com os artigos de fé de um novo catecismo (ou com as páginas do Programa Comum). Se a multidão berra "CRS-SS", cada um, nessa multidão, sabe perfeitamente que isso é mentira. Ninguém trata na prática os CRS como SS. Essa geração, educada no mito da resistência e na vergonha do colaboracionismo, conhece o destino reservado aos SS. Supondo que esbarremos com um SS, das duas uma: ou nos escondemos ou tentamos abatê-lo. Em Maio, Paris ficou entregue a si mesma, não foram recolhidos nenhum cadáver, nenhuma bomba, mas toneladas de papéis e montanhas de pedras. Claro, armas, raras, foram flagradas, mas nenhum revólver ameaçou qualquer policial. Embora tenha passado o tempo esfriando os exaltados na noite das barricadas, Dany não teve muito sucesso. Da mesma forma, o chefe de polícia Grimaud enquadrou suas tropas. O comportamento, tanto de um lado como do outro, nunca correspondeu ao *slogan*.

Vamos ao âmago das coisas. Maio de 68 põe em crise os princípios de um estilo morto de vida e de pensar. O que até então era dado como evidente revela-se não raro inadequado. Testemunha paradoxal, o general De Gaulle percebeu a ruptura histórica: "Em meio ao progresso geral, uma nuvem paira sobre os indivíduos. À antiga serenidade de um povo de camponeses, seguro de extrair da terra uma subsistência medíocre mas garantida, sucedeu, nos filhos do século, a surda angústia dos desenraizados" (em *Memórias de esperança*,[3] provavelmente escrito antes de 68).

Desenraizados, palavra essencial. A França conservadora que Charles de Gaulle encarnava em parte, apenas em parte, aquela França de Barrès, da terra, dos campanários, das cruzes e dos cemitérios, a França dos enraizados exorcizava o desenraizamento como uma doença vinda do exterior. Isso era, segundo Barrès, obra das sedutoras "libanesas"; dos judeus e dos boches segundo o zé-povinho. De Gaulle, na contramão, ainda que de si próprio, reconhece a ausência de complô contra a nação e aponta uma evolução histórica radical, que quer que os *filhos do século*, inclusive os "100% puro-sangue", vejam-se "desenraizados". A *nuvem* cobre o Hexágono, somos todos *desenraizados*. A juventude irreverente repete como um eco: "Somos todos judeus alemães."

Em sua esmagadora maioria, os jovens que saem às ruas não são evidentemente nem judeus nem alemães. E o *slogan* não é óbvio. Parece tão subversivo que se vê censurado pela instância máxima. O escritório de Belas-Artes (sob a égide marxista-leninista de Roland Castro), que "diagrama" todos os cartazes diante dos quais os diletantes extasiam-se nos dias

[3]*Mémoires de l'espoir*, Plon, 1970-1971.

de hoje, recusa o *imprimatur* à cara hílare de Dany, com a legenda "Somos todos judeus alemães", para substituí-la pelo encabulado "Somos todos indesejáveis".

A provocação dá calafrios nos líderes revolucionários, que se recusam a assumi-la. Alguns temem "isolar-se das massas": o inconsciente popular conseguiria tolerar judeus e boches? Outros, menos numerosos, clamam pela profanação dos mortos. O choque dos dois vocábulos antagônicos constitui uma mistura explosiva, "bela como o encontro futuro de uma máquina de costura e um guarda-chuva numa mesa de dissecção"...[4] Coquetel emblemático, o grito iconoclasta não desagrada os mais solenes, é forjado na rua, responde jovialmente às frases chauvinistas, não de De Gaulle, mas de Marchais.

Quando a "angústia dos desenraizados" sucede a "antiga serenidade de um povo de camponeses", as referências se atritam, as fundações fissuram, e a França abre-se a todas as correntes do espírito e do relativismo. Para o melhor e o pior. É auspicioso as certezas obsoletas não serem imediatamente substituídas por outras igualmente obsolescentes. Sim, Nicolas, você não está errado, mas mira lateralmente e tem como alvo uma constante inevitável de toda crise de civilização. Falta-lhe o terremoto poético que revela um abismo. Resta saber o quanto ele mede.

Voltemos ao exemplo recorrente da maltratada escola de Jules Ferry, voltemos ao zumbido com que arrebentam os nossos tímpanos. Vocês disseram: "destruição da universidade". E conseguiram isso? Organizemos, mais uma vez, as coisas em sua ordem cronológica: Maio de 68 não provocou uma crise na escola, foi a escola em crise que gerou Maio de 68. A partir de 65, "a explosão escolar ligada ao *baby boom* (1945) cobrira

[4]Lautréamont, *Os cantos de Maldoror*, VI, 1869.

o país de estabelecimentos de ensino secundário, os novos CES. A expansão da escolaridade alcançara a universidade. Em menos de dez anos, o número de bacharéis fora praticamente multiplicado por dez. Os primeiros *campi*, como o de Nanterre, abriam então suas portas".[5] A massificação pôs em xeque a escola da III República. Ela continua nos dias de hoje.

A "escola de Jules Ferry" tinha uma função social evidente: o primário para todos ancorava os agricultores e operários à nação, selecionando os mais meritórios para que ascendessem socialmente pelo estudo. O secundário continuava reservado aos pequeno-burgueses e às excelências proletárias ou camponesas. Apenas tinham acesso à universidade os filhos das elites e os melhores dos melhores das classes populares. Estratificação e elevador social, a estrutura educacional colava-se na estrutura da sociedade, e a organizava. O mecanismo bem lubrificado funcionou sem muitos incidentes durante décadas. Se por um lado a escola tinha antigamente uma função reparadora de desigualdades e recompensava o mérito dos mais dotados, peneirados nas classes trabalhadoras, em 1968, por outro a epopéia dos hussardos negros* juntara-se às lendas mortas. Fazia tempo que o edifício universitário não respondia mais à demanda. Sufocava-se. Respirar era preciso.

Hoje, os *slogans* desbotados de Maio, provocadores, insolentes, contraditórios, tomados um a um, expatriados, petrificados em artigos de fé, servem de antolhos. As ideologias *pós*-sessenta-e-oitistas, enfatizo o "pós", contribuíram para que

---

[5]Henri Mendras, *Français comme vous avez changé, histoire des Français depuis 1945*, Éditions L'Aube, col. L'Aube Poche, 2007.

*Os "hussardos negros" eram professores primários egressos das escolas normais criadas em 1879 em todos os departamentos da França. O apelido foi dado em 1913 por Charles Péguy, e tem sua origem no uniforme preto que usavam. (N.T.)

ninguém se alarmasse diante do analfabetismo, da brutalidade, da vulgaridade, do narcisismo que campeiam nos pátios de recreio e nas salas de aula. Aqueles que reivindicam um 68 repisado não vislumbram mais nada à frente. Não previram nem se preveniram contra a escalada da violência, o desemprego em massa ou a pulverização da classe operária. Embora o espírito de Maio não tenha criado essas tristes realidades, não resta dúvida de que, mascado como um chiclete velho, ele não permite avaliar o tamanho dos novos desafios.

Marcado com o sinete do egocentrismo, afogado na negação do real, o espírito de Maio adequou-se às idéias feitas, as quais o movimento regozijara-se em abalar. O embalsamamento do "Maio fantástico" foi perpetrado em 1981, no Panthéon, onde François Mitterrand entronizou-se como consciência universal. Instante de glória em rede mundial, armado por Régis Debray e Jacques Attali. Ele e a França, o pai e a pátria dos direitos humanos. Gravidade episcopal, laicidade eclesiástica, traje a rigor e rosa vermelha em forma de crucifixo. Nas calçadas, aglomerada atrás das barreiras metálicas, a massa, comprimida como na missa, comunga — "Aos grandes homens, a pátria reconhecida". A cada túmulo, o líder solitário se recolhe, três persignações, três flores, silêncio dos fiéis. Na verdade, é o retorno das cinzas pré-68.

Os desafortunados do mundo inteiro são convocados aos pés das colunas dóricas. O planeta que sofre está representado, nos diz a televisão. Todo o planeta? Onde está o erro? Todos os perseguidos, exceto os perseguidos pelo comunismo. Nenhum polonês do Solidariedade. Nenhum checo da Carta 77. Nenhum dissidente soviético, ou chinês, vietnamita, cambojano, coreano, etíope, eritreu, angolano, cubano... Estes acham-se ausentes. Não que hajam declinado o convite: não foram convidados. Têm apenas um direito, o de morrer ("calar-se", dirá Chirac duas décadas mais tarde). Respondem presente as vítimas das ditaduras negras; ausente, as vítimas dos fascismos vermelhos. Perseguidos pela "direita", sim; perseguidos pela "esquerda", não. Fim das invectivas desferidas contra os "crápulas stalinistas" nos anfiteatros da Sorbonne? Para onde foi a magistral injunção lançada por Dany ao príncipe comunista dos poetas: "Aragon, você tem sangue nos seus cabelos brancos"? O espírito de Maio enterra sob uma chuva de pétalas fenecidas e uma montanha de coroas *kitsch* a revolução mental que pretende celebrar.

Concordo com a sua explicação do relativismo sessenta-e-oitista. Mais que a expressão de uma crise de identidade, Maio de 68 é sua assunção alegre. A França "Black-Blanc-Beur" da Copa do Mundo de 1998 forjou-se no "Somos todos judeus alemães!" de 1968.*

A propósito, Nicolas Sarkozy é um pouco ingrato em suas críticas, pois sem essa assunção relativista teria tido grande dificuldade em se tornar presidente. Ele formava com Cécilia um casal de desenraizados absolutos, originários de metade dos países da Europa e duplamente divorciados. Nada parecido com os herdeiros-modelo do grande Charles e da titia Yvonne.

Nosso presidente "de sangue mestiço", que rompe com o decoro republicano mencionado por você a respeito de Mitterrand, é filho, ilegítimo e rebelde como deve ser, de 68. Sem laços com as províncias, sua "falha genealógica", seu desconhecimento da terrinha faziam com que Chirac e Villepin afirmassem que os franceses nunca o levariam até o Eliseu. Isso significava ignorar a traça de 68, que há quarenta anos

*Beur: filho francês de imigrantes do Magreb. (N.T.)

carcomia o país e que ressurgiu em 2007 sob o aspecto paradoxal de um apóstolo da "direita descomplexada"!

Os sessenta-e-oitistas têm dificuldade em admitir isso, é compreensível, mas são os padrinhos dessa vitória. Para moderar sua "abertura" provocadora, Nicolas Sarkozy poderia, muito honestamente, ter-lhes agradecido: "Sem Maio de 68, Sarkozy não existiria."[6]

Voltemos a essa grande varredura de 68. Ao recusar uma gesta nacional amplamente mentirosa, ao refutar os mitos gaullistas-comunistas em nome da verdade e dos direitos do tempo presente, vocês não despejaram o bebê junto com a água do banho?

Explico-me: o grande "Carpe diem!" *de vocês não suprimiu toda relação com a História, compreendida como alguma coisa que nos supera enquanto indivíduos prisioneiros do* hic et nunc? *Vejo nisso uma das razões do triunfo* a posteriori *desse "espírito de Maio" conformista e surdo aos perigos que você menciona, incapaz de pensar além do imediato.*

Ninguém acredita mais na grande epopéia das grandes nações, das grandes idéias e dos grandes homens. Melhor assim. Assim nos precavemos contra a "napoleonite" e a sacralização do passado. Mas temos a tendência inversa de referenciar tudo a nós e a nosso meio ambiente, como aquele professorzinho que nos pedia para desenhar nossa árvore genealógica e retraçar o palpitante destino da nossa rua para nos fazer compreender a História.

Essa recusa do épico traduz-se até mesmo no cinema ou na literatura: a introspecção, a desconstrução dos códigos narrati-

---

[6]Josep Ramoneda, editorial de *El País*, "El funeral del 68", 25 de maio de 2007. Mesma observação de Pascal Bruckner: "Sarkozy le soissante-huitard", *Libération*, 14 de maio de 2007.

vos, a reflexão sobre o processo criativo substituíram amplamente as tramas. Como se o medo de acreditar em novos mitos impedisse todo destino, todo sentido trágico, toda relação com a história, com um "h" maiúsculo e um minúsculo.

Não partilho dessa constatação redutora. Uma geração em bloco anti-histórica? Na verdade, ao contrário de excesso, não rompemos suficientemente com o passado e a História.

O eixo PC-De Gaulle urdia uma memória falsificada: a França em bloco resistente, libertada de moto próprio. Nas consciências: um pouco de Vichy, nada de pacto germano-soviético, silêncio recatado acerca do genocídio dos judeus, mutismo eloqüente sobre o desembarque anglo-americano. A verdade foi sacrificada por boataria: evitar uma improvável guerra civil. Em 1968, desastradamente, caricatamente, a jovem França ajusta suas contas com os eufemismos e lendas que lhe pespegaram. "Somos todos judeus alemães" abre uma sessão compensatória. O doutor Freud apontaria um "retorno do recalcado".

Não faz muito tempo o chefe de polícia de Paris, Papon, o homem dos comboios judeus de Bordeaux e das *ratonnades** de 1961 deixou o cargo. Todos se lembram que, durante a Libertação, os arquivos vomitaram segredos de família nauseabundos, que logo voltaram ao limbo. A França, tanto de direita como de esquerda, fedia. O *slogan* "CRS-SS" é manifestamente absurdo: isolada do acontecimento, como vimos, a equação é obscena. Convém não relegar, para além do humor áspero, a relação turva de uma geração educada na mentira e no silêncio a um passado que não passa.

**Ratonnades*: ataques a imigrantes do Magreb; a palavra origina-se de "*raton*", qualificação pejorativa dirigida a esses mesmos imigrantes, bem como "ratinho". As *ratonnades* a que se refere o autor tiveram argelinos como alvo. (*N.T.*)

Em Paris, "CRS-SS!" irá conservar um tom sarcástico e as "novas resistências populares" terão a duração de uma rosa. Na Alemanha, a obsessão pelos tempos assassinos pode levar ao terrorismo. Lado simpático: os filhos de contestadores batizados Sara ou Davi. Lado ridículo: as comunidades de estudantes que se pavoneiam como "judeus sujos" e recriam sem grandes obstáculos miniguetos voluntários. Lado terrível: a "Rote Armee Fraktion", que declara guerra à sociedade inteira, a pretexto de combater os "nazistas". Apoteose desse teatro do absurdo, os retro-resistentes alemães de extrema esquerda lutam contra o fascismo internacional plantando bombas em sinagogas no dia do aniversário da Noite de Cristal![7]

A patologia dos mitos nacionais ou familiares descamba para a loucura do outro lado do Reno. Não na França, onde — Sarkozy tem razão — não se inventou o Holocausto, apenas o colaboracionismo, além da resistência. Os heróis celebrados por Maio diferem das glórias nacionais. São esquecidos da história oficial, os mártires do Affiche Rouge, os desenraizados da MOI (mão-de-obra imigrante): Marcel Rayman, Issak Manouchian, armênios, judeus, espanhóis, alheios aos patronímicos impronunciáveis por tantos anos desdenhados.

Nicolas Sarkozy reúne-se com eles em Nîmes, em 6 de maio de 2006. De saída, cita Apollinaire: "Quem serve bem ao seu país não precisa de ancestrais." Grudado na televisão, aprecio a mais bela pirueta política desses últimos anos. O "francês de sangue mestiço" presta homenagem à França "múltipla" não por natureza, mas por opção histórica: "Filhos de imigrantes italia-

[7]9 de novembro de 1938: na Alemanha, os nazistas promovem a perseguição pública dos judeus. Pilhagens, caça às bruxas, linchamentos etc. Para festejar, à sua maneira paradoxal, o 31° aniversário do pogrom, esquerdistas explodem uma bomba na sinagoga de Berlim. No dia seguinte, justificam-se num panfleto intitulado "Shalom Napalm!", segundo o qual o atentado pretendia-se uma reação ao martírio palestino.

nos ou poloneses que eram apontados com o dedo nos pátios de recreio mas que seus pais obrigavam a falar apenas francês; filhos de republicanos espanhóis que a França alojou em campos de refugiados; descendentes de judeus presos pela polícia de Vichy para serem deportados; filhos de repatriados da África do Norte que haviam perdido tudo e que a metrópole recebe sem entusiasmo; filhos de *harkis* que deram tudo à França e a quem a França respondeu com a ingratidão; nenhum deles, nenhum, esqueceu." Maio de 68 inventa uma nova relação com o passado, não se limita ao "*Carpe diem!*" de que você fala.

Mas essa relação "nova" com o passado é, por sua vez, amplamente mistificadora. Deixando de lado o humor, no slogan *"*CRS-SS*", decididamente problemático, figura a idéia de que o fascismo é, em primeiro lugar, um autoritarismo, que Hitler é, em última instância, uma expressão paroxística do militarismo e do nacionalismo, o sentimento de que entre todas as polícias existe uma diferença de graus, não de natureza. A provocação "*CRS-SS*" é compreendida pelos manifestantes como um exagero provocador, não como um contra-senso absurdo.*

Essa simplificação terá conseqüências duradouras no seio da esquerda européia, até chegarmos às manifestações de 2003, que comparam Bush a Hitler (no fundo, toda guerra é idêntica), ou aos militantes de 2007, que tratam o candidato da direita republicana de fascista (todo reflexo defensivista revela uma tendência nazista). Como se toda autoridade comportasse em germe as câmaras de gás, como se Auschwitz e Fleury-Mérogis pertencessem ao mesmo universo.*

---

*Fleury-Mérogis: casa de detenção situada na periferia de Paris; ao lado de suas congêneres Fresnes e Santé (esta última citada adiante pelos autores), é uma das três maiores penitenciárias da região parisiense. (*N.T.*)

É no âmbito dessa leitura enviesada do passado que os terroristas alemães acabam por atacar as sinagogas no dia do aniversário da Noite de Cristal: os Estados Unidos e Israel estimulam a guerra, logo são fascistas. Nossos pais não resistiram ao nazismo. Nós o faremos... matando judeus. Como papai e mamãe, no fim das contas. É um caso extremo, mas esse antiautoritarismo radical não seria uma nova maneira de não apreender efetivamente o trágico da História, de referenciar tudo àquilo que nos cerca?

Se o SS não passa de um CRS mais vilão, se a emenda Mariani acerca dos testes de DNA é fruto do nazismo, se Kolyma ou Birkenau são meras extensões da Santé ou de Fleury, então nada, no fim das contas, é diferente do meu presente, do meu universo, nada mais é perigoso. Não existe nada que não seja redutível à minha pessoinha...

Sim. O antiautoritarismo, que blinda o "espírito de Maio", repousa numa explicação bem fraquinha do fascismo. Apóia-se nos estudos de Adorno e de seus colegas da Escola de Frankfurt. Os preceptores da esquerda alemã investigam (nos anos 50, nos Estados Unidos, onde estão refugiados) a "mentalidade autoritária". Eureca! Descobriram o alfa e o ômega do terror que acaba de devastar a Europa: quem diz autoridade, diz fascismo. Em *A infância de um chefe*, Sartre imagina uma espiral maléfica idêntica.

Um passe de mágica desempenha então seu papel: autoridade = direita, autoridade = fascismo, logo direita = fascismo. Para ajustar as contas com um passado distorcido pela geração detentora da autoridade, os antiautoritários dos anos 60, depois dos 70, logo passaram a desacreditar a direita, portanto o Capital, e recriaram uma virtude "de esquerda" sem interrogar o sangue em que submerge o socialismo real no Leste e suas próprias aventuras terroristas no Ocidente.

Recai-se, você tem razão, no simplismo e no mito. Sejamos sérios! O caso Dreyfus, um combate da esquerda contra a direita? Não, leia Péguy. 1940, uma traição exclusiva da direita? Errado, a Câmara da Frente Popular dá plenos poderes a Pétain, e De Gaulle, francamente libertário, opõe-se a isso. O colonialismo, um pecado da direita? Alto lá! O governo que deflagra a guerra na Argélia é socialista, o que acaba com ela é conservador...

Menciono suplementarmente o inverossímil discurso de Lionel Jospin na Assembléia Nacional.[8] O primeiro-ministro da época qualifica "de esquerda" o conjunto das grandes causas humanistas e deixa para "a direita" os gestos desumanos. Maio de 68 não desembocava em mistificação tão angelical.

André Malraux percebe na hora que o terremoto "acaba de fazer a nação vacilar". Acrescenta, nem direita nem esquerda: "Como todos, [os comunistas] sentiram a passagem do grande arroubo revolucionário." Logo, não espanta que, quatro décadas mais tarde, nossa "identidade nacional" passe por Maio de 1968 e permaneça uma questão eleitoral relevante.

Em 30 de maio de 1968, Malraux manifestou-se à frente da passeata dos Champs-Élysées (a imagem atormenta os adoradores que ele tinha entre os rebeldes). Malraux desfilou "pelo General". "Contra os depredadores", acrescentava uma velha França, sem dissimular seu fel. Teriam de fato gritado "Dany em Dachau" aquele dia? Os depoimentos divergem, mas a rejeição à "anti-França" estampava-se sem muitas nuances.

Em 20 de junho, comício eleitoral no Parque das Exposições. O escritor-ministro alçou-se muito além de um maniqueísmo estúpido: "Naturalmente, por sua extensão, essas greves foram singulares no início. Mas também por sua ausência de

[8]Janeiro de 1998.

ódio. Depois de assistirmos a diversas revoluções, é difícil nos enganarmos. Os grevistas raramente estavam armados. As manifestações de massa não se confrontaram. Levavam à guerra civil, não a criavam. Pareciam mais profundas que as reivindicações salariais que defendiam. Esse ensaio geral de um drama interrompido mostrava, tanto nos grevistas como naqueles que os viam passar, a consciência do fim de um mundo."

Longe de reduzir a causa dos depredadores a uma pândega arrogante ou a um enfrentamento viril classe contra classe, a testemunha das maiores revoluções e guerras civis do século concluía: "Estamos diante de uma das crises mais profundas que a civilização já conheceu." Não vemos aqui vestígio de ajuste de contas franco-francês entre direita e esquerda, mas um terremoto sem fronteiras, europeu e mundial.

Em 1968, um sentimento insólito predomina: a história depende dos cidadãos. Washington e Moscou não decidirão mais o destino da Europa. É o começo do fim da Guerra Fria nas cabeças. A "crise" dispara o despertador de um continente recentemente cicatrizado, finalmente capaz de tomar seu destino nas mãos.

O slogan "Somos todos judeus alemães!" pode efetivamente ser traduzido como "Somos todos europeus!". Quem simboliza melhor a abolição das fronteiras que o judeu errante? Quem encarna melhor o passado dos ódios nacionalistas que o "boche", esse modelo do inimigo que levou os deputados franceses a rechaçar a CED em 1954? O slogan mais iconoclasta de Maio enfatiza o engajamento europeu da geração de vocês, provavelmente sua maior fidelidade. A brilhante carreira de Daniel Cohn-Bendit em Bruxelas comprova isso.

Mas sou obrigado a voltar a essa relação problemática com a história: vocês se afirmam "europeus" ao se emanciparem da

Guerra Fria "nas cabeças", são suas palavras. O problema é que a Guerra Fria continua a existir e a gente só consegue se "libertar" dela mentalmente porque vive sob a proteção dos Estados Unidos. Em 1968, todo o mundo sabia que os tanques russos não chegariam a Brest nas 48 horas seguintes, mas sabia graças ao guarda-chuva nuclear, não porque o enfrentamento dos blocos houvesse milagrosamente cessado.

A emancipação mental de uma realidade que perdura nos fatos não é a própria definição de uma ilusão? A Europa Ocidental não se transforma nesse instante preciso em campo de jogo? Você pode ser antiimperialista e pacifista em sua redoma graças aos foguetes que o cercam e protegem. E não é nessa redoma, muito antes da queda do Muro ou do livro de Fukuyama, que o Fim da História é inventado como mito antitrágico?

Nos anos 60 e 70 a Europa prepara-se para se tornar a grande Suíça que conhecemos hoje, apática nos Bálcãs, ausente do Cáucaso, inútil no Oriente Médio... Seus pais fundadores haviam conhecido a guerra, a geração 68 não viveu senão a afirmação de si e não compreende mais a tragicidade do mundo: não abordamos com isso o problema original da grande cartada européia de vocês?

Bingo! A geração que proclama independência e se diz soberana do futuro europeu é em parte, como você diz, a geração da redoma. Ela se encolheu, belíssima em seu espelho, e volta para a concha. O verme do narcisismo rói o fruto dessa grande união das juventudes continentais, a seqüência será prenhe de impotência e contradições. No Ocidente, a Europa contestadora mal reage quando, no Leste, os blindados calam a primavera de Praga. É tão fácil esquecer ou desaprender quanto trágica é a história.

Um exemplo, que parece banal mas diz muito: admitia-se sem perguntas que os panfletos antiautoritários da Alemanha Ocidental fossem impressos na Alemanha Oriental, provavelmente o vizinho mais autoritário e policialesco, onde nada se fabricava sem o aval da KGB e da Stasi. Isso não chocava meu amigo Rudi Dutschke.[9] O mesmo acontecia nos anos 80 com os pacifistas europeus: "Antes vermelhos que mortos", antes os SS20 soviéticos que os Pershing II da Otan, antes surdos e cegos que perturbados em nosso campo de jogo. A geração 68 deu Bernard Kouchner, os *french doctors*, a generosidade, mas também José Bové e o auto-retraimento.

Parafraseando Nietzsche, eu diria que Maio de 68 foi um ato grandioso demais para aqueles que o realizaram. Os tribunos na Sorbonne, tanto no Odéon como na Mutualité, faziam discursos do passado, brandindo um léxico marxista de fórmulas amenizadas, originalmente explosivas, Trotski, Mao, Fidel ou Kropotkin. Curiosa maionese sangüinária para um movimento comportadinho! A ruptura e a crise foram vividas sem serem concebidas, serão pensadas mais tarde. Nunca até o fim.

Velhos conceitos foram aplicados para avaliar e julgar o novo, absorvendo dos pensamentos de antes de Maio a ilusão de organizar o acontecimento *a posteriori*. O "drama interrompido" estarrecera seu mundo. Brisa ou borrasca, abriu discussões e não fechou nenhuma.

Atarantado e perplexo, Malraux diz "consciência do fim de um mundo". Alguns soçobram na loucura. Outros partem

---

[9]Rudi Dutschke (1940-1979), líder dos Estudantes Socialistas (SDS). Originário do Leste, radicado em Berlim Ocidental, organizava as manifestações estudantis e foi vítima de um odioso atentado em 1968. Gravemente ferido na cabeça, morreu dez anos mais tarde vítima das seqüelas.

incontinenti para o suicídio, outros ainda, inconsoláveis, preferem "Morrer aos 30".[10] A novidade era fundamental, nada de estranho no fato de se precisar de tempo para pensar a ruptura dos fundamentos. Nada mais natural que recuar de pavor diante da incerteza.

Os revolucionários de Maio não atolaram no sangue vermelho dos proletários e os contra-revolucionários de junho não fomentaram terror branco ou revide versalhês. Ninguém caminhou sobre Paris com a foice e o fuzil na mão. Nenhum pelotão de execução, mas gasolina nos postos. Maio de 68 rompia com a imagem que a esquerda e a direita conceberam da Revolução depois da tomada da Bastilha. Nem um fracasso, nem uma *success story*, nada de vitória ou derrota, nada de uma Grande Noite,* mas não nada.

Uma batalha de idéias e sentimentos foi travada, a qual se prolonga até 2007 e provavelmente se estenderá mais além, e de que somos os produtos, atores e herdeiros. Alerta aos saudosos de uma juventude extinta, a seus filhos românticos e angustiados: parem de fetichizar Maio de 68 e de lhe atribuir a paternidade de todos os vícios. O acontecimento tanto é prenhe de energia e entusiasmo quanto de pequenez e desistência. As fadas, que se dilaceram sobre o berço do recém-nascido, não eram todas benevolentes. Quarenta anos mais tarde, devem ser revisitadas sem canonização retrospectiva nem exorcismo póstumo, ainda que detectemos sob os disfarces do momento os desafios de sempre.

---

[10]Filme *cult* de Romain Goupil, *Mourir à 30 ans* (1982).

*Grande Noite: expressão francesa [Grand Soir] que designa o momento culminante e decisivo de uma revolução. (*N.T.*)

ATO II

Retorno a um esquecimento de 68

por Raphaël Glucksmann

Retorno a um pequeno esquecimento de 68

Centro Betânia, distrito de Kibuye,
Ruanda, dia de Todos os Santos, 2007

Meus caros lib-libs,[1]

Não me dirijo aos retrógrados de Maio, *groupies* deslumbrados com Che Guevara, lazarcófilos* fossilizados ceifadores de organismos geneticamente modificados, caducas estátuas de cera de um museu de cera da contestação. Eles não me interessam, a mim que não tenho idade para ter partilhado seu passado glorioso.

Não, dirijo-me a vocês, filhos alegres de um 68 bem-sucedido, que, libertando a França de tradições e ideologias obsoletas, pulavam carniça sobre as fronteiras da velha Europa, vocês, coveiros do gaullismo e do catecismo comunista, do *Pravda* mental e da ORTF, vocês que se casaram com sua época como nós todos sonharíamos casar com a nossa.

---

[1]Liberais-libertários: denominação cuja autoria é reivindicada por Daniel Cohn-Bendit, a qual caracteriza perfeitamente o estado de espírito de uma geração antiautoritária e cosmopolita que assume sem rodeios uma liberação dos costumes quase total, a aventura pós-nacional e uma maior ou menor abertura dos mercados.

*Lazarcófilos: referência a Lazarc, região agrícola francesa onde, em 1902, a comunidade agrícola local resistiu bravamente à expansão de uma zona militar ali instalada. Em 2003, foi palco de uma grande manifestação antiliberal. "Lazarcófilos" passou a significar algo como "xiitas". (*N.T.*)

Dirijo-me a vocês das margens do lago Kivu, no centro e no fim do mundo. A temperatura aqui é amena, a luz, intensa, a paisagem, exuberante. Grandes colinas verdes molham tranqüilamente os pés num mar de azeite, onde os deuses, quando ainda existiam, gostavam de se banhar. Um verdadeiro "paraíso terrestre".

Exceto pelo fato de que, perto daqui, cinqüenta mil pessoas foram exterminadas em 1994. Um inferno, portanto, parecido com tantos outros em Ruanda. Um pouquinho diferente, na verdade. Pois, dos cumes de Bisesero, o homem resiste à besta imunda. Atrás de mim, reina a Varsóvia do nosso tempo.

Durante mais de um mês, milhares de tútsis armados com pedras e lanças resistiram à máquina genocida. Durante mais de um mês, "os desertores do destino", como os denomina de forma curiosa um amigo resgatado, rechaçaram os ataques dos assassinos. Até precisamente 13 de maio de 1994, aniversário da maior manifestação de vocês e, principalmente, dia em que as frágeis defesas de Bisesero cederam aos ataques das milícias e do exército hútu.

Um exército equipado, treinado, formado pela França. Bisesero, um nome que faz parte da nossa história e que está na hora de ser meditado.

Pois nossos soldados, por sua vez, conhecem essas colinas. Estiveram lá, no fim de junho. À passagem de seus jipes, os raros sobreviventes saíram de seus esconderijos e pediram proteção. Os homens do COS pararam seus carros, depois seguiram adiante, prometendo voltar mais tarde. Tarde demais. Espertos, haviam contratado como guia um figurão do pedaço. Um homem com um francês delicioso, que, caída a noite, voltou ao local com seus comparsas para "terminarem o trabalho".

Caros lib-libs, dirigir-me a vocês a partir desse inferno disfarçado de paraíso não é uma coisa inocente, concordo, é inclusive um pouco perverso. Qual a relação entre 13 de maio de 68 e 13 de maio de 94, entre os *happenings* do Quartier Latin e as punhaladas de Ruanda? Afora o fato de vocês terem ingressado na idade adulta participando alegremente dos primeiros, e eu, assistindo envergonhado aos últimos, aparentemente nenhuma.

Calma. Não estou em campanha, não estou falando diante de trinta mil militantes da UMP num auditório com calefação. Portanto, não vou afirmar que Maio de 68 abriu caminho para o genocídio dos tútsis, bem como para "os salários de marajá e os empresários espertalhões", ou que seu motim libertário carregava em si as operações Noroît, Panda, Amaryllis ou Turquoise[2] como a nuvem carregada, a tempestade. Não há o menor laço entre 68 e 94.

Alguma coisa deve ter fracassado em algum lugar, politicamente, moralmente, socialmente, culturalmente, filosoficamente, midiaticamente, humanamente. Vocês devem, meus amigos, ter pulado uma etapa, errado uma curva, descarrilado em algum ponto.

"Somos todos judeus alemães!", cantavam vocês outrora. Era ousado, transgressivo, bonito, tão revolucionário quanto todas as tomadas da Bastilha reunidas. Atormentados pela vergonha da *Blitz* de Vel'd'hiv' 26 anos antes, vocês sonhavam enterrar a velha França, aquela França que fornecera seus judeus e cuja vida os gaullistas preservavam artificialmente, à base de injeções de mitos e silêncios.

Pois bem, 26 anos depois de 68, quando vocês chegavam aos cinqüenta, idade das responsabilidades, idade em que

[2]Nomes das intervenções francesas, oficiais ou oficiosas, em Ruanda de 1990 a 1994.

tomamos nas rédeas os destinos de nossa comunidade, a França reincide mais uma vez. Agentes do nosso Estado voltam a separar o joio do trigo e entregam os indesejáveis. Longe, bem longe de Paris dessa vez. Seria mais desculpável por causa disso? Os cidadãos decerto são menos culpados, pois não estão informados.[3] Mas a França não está ocupada em 1994. Nenhum *Gauleiter* exige que ela envie tropas para patrulhar as colinas de Bisesero, Byumba ou Murambi.

Evidentemente, nossa venerável nação não planejou o genocídio dos tútsis, assim como não "inventou o Holocausto". Evidentemente, os soldados que desembarcaram em Ruanda não eram sessenta-e-oitistas. Não tinham nem a idade nem o visual. Manifestamente, os "valores" da "Françáfrica" opõem-se aos seus em todos os aspectos. Manifestamente.

Entretanto, exatamente entre o verão de 1942 e o verão de 1994, houve aquele Maio que devia mudar tudo. Como explicar a política adotada em 1994 se atribuímos a 68 uma importância qualquer? Como explicar que a esquerda, a querida esquerda de vocês, esteja na origem do maior escândalo da V República? Pior: como explicar que esse escândalo nunca tenha vindo à luz? Como explicar sua passividade, camaradas?

---

[3]Após a chegada de nossos pára-quedistas em Kigali em 4 de outubro de 1990, as ações francesas em Ruanda são realizadas com a discrição mais absoluta. Nenhum debate na Assembléia, o mínimo possível de publicidade na imprensa. No início das operações, um bilhete confidencial dirigido a nosso embaixador em Ruanda esclarece: "Não temos a intenção de anunciar oficialmente o acionamento do Dami [Destacamento de Assistência Militar]. Vocês dirão ao presidente Habyarimana que esperamos que ele aja da mesma forma." A intervenção francesa em Ruanda compreende a participação direta dos nossos soldados nos combates que opõem as tropas governamentais à guerrilha da FPR (Frente Patriótica Ruandesa), bem como a formação, o equipamento e a supervisão estratégica do exército hútu.

Pois, vejam, foi um presidente de esquerda, primeiro e único depois de Maio, que embarcou nosso país nesse lamaçal moral e político. Antes dele, Ruanda mal figurava no mapa-múndi mental dos nossos diplomatas. Com ele, tornou-se o epicentro de um disfarçado confronto planetário entre influências anglo-saxãs e interesses franceses. Sem ele, Bisesero faria parte da nossa história tanto quanto a dos finlandeses, dos sri-lankeses e da humanidade em geral.

Vocês tinham razão quando gritavam em 68: "Dez anos: basta!" Mas quem gritou "Treze anos: basta!" em 94? Quem entoou "Somos todos tútsis de Ruanda!" 26 anos depois de "Somos todos judeus alemães!"?

A questão Mitterrand

Um espectro dirige-se a vocês, caros lib-libs:

"Quem sou eu?

Fiquei conhecido, na verdade num mundinho não claramente progressista, em 1935, pelos meus artigos em *L'Écho de Paris*, nos quais lamentava que o Quartier Latin, o seu Quartier Latin, houvesse se transformado numa 'Torre de Babel', num 'complexo desafinado de cores e sons'... Na idade em que vocês entoam 'Somos todos judeus alemães', estou atrás de um cartaz com a inscrição 'Fora, gringos!'... Recebo o franquisque em 1943, por serviços prestados a um marechal cujo túmulo ainda enfeito com flores em 1984 (De Gaulle, que não corria o risco de receber o franquisque, o fez também!)... Declaro em 1953: 'A manutenção da presença francesa na África do Norte, de Bizerte a Casablanca, é o primeiro imperativo de toda a política nacional'...[4] Ministro do Interior em 1954, proclamo que o Todos os Santos Sangrento* 'não permite conceber, em hipótese alguma, qualquer tipo de negociação' e 'só pode ter um desfecho: a guerra'...[5] Ministro da Justiça em 1956, entrego, por decreto, aos tribunais militares os autores de 'crimes contra a segurança do Estado', de 'participação em reuniões criminosas' ou de 'entraves à circulação estradeira' (*sic*) nos departamentos argelinos... Em 1962, testemunho a favor do general Salan... Vocês me vaiam em 1968... E, no entanto (*risos*)... sou seu presidente, único homem a tê-los conduzido à vitória! Meu nome é..."

Formada na escola do anticolonialismo, forjada, para os mais velhos de vocês, precursores de Maio, nas lutas argelinas da Unef e da UEC,[6] sua geração não carregava François Mitterrand no coração. Ele encarnava esse passado de que vocês queriam ver-se livres a todo custo.

Então por que diabos ele está no poder há treze anos em 1994, e, ainda por cima, com o apoio explícito ou tácito da esmagadora maioria de vocês? Como conseguiu enviar nossos soldados para jogar vôlei sobre as valas comuns de Murambi sem que vocês reagissem?

Vocês tinham de ir a Murambi, à escola onde foram amontoados e depois exterminados mais de 45 mil tútsis em

---

[4]*L'Express*, 5 de setembro de 1953.

*Todos os Santos Sangrento: 1º de novembro de 1954, dia em que violentas manifestações de rua em Orã marcaram o início da guerra da Argélia. (*N.T.*)

[5]Em 5 de novembro de 1954, perante a comissão de assuntos do Interior da Assembléia Nacional.

[6]União dos Estudantes Comunistas.

três dias. Estranha quadra de esportes aquele Auschwitz fugaz, onde nosso exército estabeleceu seu QG avançado no fim de junho de 1994. Vocês sairiam das câmaras da morte impregnados de um cheiro de cadáver e cal, os nervos em frangalhos, dariam com esta inscrição: "Aqui foi fincada a bandeira francesa durante a operação Turquoise." "*A small step for France, but a giant leap for mankind*", e talvez pensassem, rindo para não chorar, compreendendo subitamente que a questão Mitterrand não é assim tão insignificante.

A chegada dele ao Eliseu foi o fracasso de vocês. Uma verdadeira falência. Para a França, que irá recuperar-se, para a esquerda, que terá dificuldade em se recuperar, para os tútsis de Ruanda, enfim, que nunca irão recuperar-se. Quando vocês fracassaram? Como, depois de Maio de 68, Mitterrand conseguiu apoderar-se da esquerda?

Para compreender, voltemos a outra data-chave do seu percurso: 1979. Data-chave, precisamente, porque não o foi para vocês.

De 6 a 8 de abril de 1979, o PS realiza um congresso em Metz. Pitoresco, esse encontro de casacas cinzentas fazendo discursos tão excitantes quanto longos rios de Valium? Certamente, aos olhos de 1789, 1917 ou... 1968.

Um pouco menos na realidade. Vamos a Metz. Embora congressos do PS não sejam seu programa preferido, este vale o desvio: ele define a orientação do país para catorze anos, prepara a vitória de 1981, sela a derrota de vocês.

Duas linhas, duas pessoas, dois destinos se opõem. À minha direita (ou à minha esquerda, como preferirem): François Mitterrand, herdeiro da IV República e sua partitocracia. À minha esquerda (ou vice-versa): Michel Rocard, herdeiro de Maio e do PSU.[7]

A primeira e a segunda esquerda. Velha rivalidade entre a jacobina, que "deposita sua confiança absoluta num comando central, profundamente convencida de que tudo é política", estatizante, desprezando as "belas almas" da sociedade civil, e a anarcogirondina, descentralizadora, desconfiada em relação ao Estado, "preocupada com os movimentos sociais". "Ora, em todas as épocas, e isso desde Jules Guesde e Jaurès, os mais populares são minoria", constata, amargo, Michel Rocard.[8] "Verdade de um lado dos Pireneus, mentira do outro", dizia Pascal. Relativismo inoperante no universo do socialismo francês. Verdade antes de 68, verdade depois de 68. Mitterrand, aliado do mais que dogmático Ceres de Jean-Pierre Chevènement, triunfo de Rocard e Mauroy.

Seria possível sonhar com um líder mais sedutor, mais "cohn-benditiano" ou "kouchnerista" que Michel Rocard. Em contrapartida, seria difícil encontrar homem mais próximo das idéias de vocês, da sua história, das suas lutas. Ele "fizera" a Argélia ao lado da Unef, co-administrara o inadministrável pandemônio de Maio, combatera os stalinistas, defendera a autogestão das fábricas Lip, lera, amara e compreendera Lefort, Morin, Glucksmann, Clastres e até mesmo Soljenitsin. Perdeu.

---

[7]Partido Socialista Unificado, que recusou a filiação de François Mitterrand em 1959: "Havia sido ele que transferira os poderes civis para os militares, inclusive em matéria de justiça, durante a guerra da Argélia. Algumas frases, como 'Na Argélia, a única negociação é a guerra', deixaram algumas lembranças...", *in Michel Rocard, entretetien avec Judith Waintraub*, Flammarion, col. Mémoire Vivante, 2001, p. 52.
[8]*Ibid.*, p. 78-9.

Exatamente como haviam perdido Léon Blum e Daniel Meyer em 1946. O líder mítico da mais que mítica Frente Popular e seu acólito, grande resistente socialista (um dos raros, precisa dizer?), haviam repensado os esquemas ideológicos clássicos à luz do cataclismo de 1940, um na prisão, o outro na clandestinidade. Pregavam uma revisão profunda do marxismo em prol de um novo humanismo europeu, criticavam o estatismo estreito e o conservadorismo social da SFIO. Era a oportunidade de um Bad Godesberg francês. "Fatalitas", dizia Chéri Bibi.[9] Guy Mollet varreu-os sem dificuldade graças ao coquetel habitual de retórica ultramarxista e de arcaísmo político, antes de ejetar um outro reformador audacioso em 1956: Mendès France.

Entre os fracassos de Meyer ou Mendès e a derrota de Rocard, houve a primavera celestial de vocês. Apesar de tudo, triunfavam as mesmas receitas. Com as mesmas conseqüências.[10]

Vamos repetir:

Entre julho de 1942 e julho de 1994: Maio de 68. O Estado francês preserva seus bons costumes em matéria de cumplicidade de genocídio.

Entre 1946 ou 1956 e 1979: Maio de 68. A velha esquerda socialista não muda um milímetro.

A questão Mitterrand nos coloca outra: não teria acontecido nada em 68?

---

[9]Refrão de Carette em *Les Portes de la nuit* (Marcel Carné).

[10]Meyer opôs-se desde o início à guerra da Argélia, o que lhe valeu ser punido pela SFIO molletista, e Rocard foi dos primeiros a reconhecer que a França se "enganara de lado" em Ruanda. Se houvessem assumido a liderança da esquerda, apostemos que a história teria sido diferente.

Paris tomada por barricadas, um Estado de privilegiados ausentes, dez milhões de grevistas, ocupações de fábricas escapando ao controle da CGT, um país de pernas para o ar durante um mês, o homem de 18 de junho fugindo da França para a Alemanha, o Partido dos Fuzilados excluído da cena contestadora — evidentemente, isso não é nada.

Quem não gostaria de viver a excitação alegre desses instantes de exaltação quando tudo parece possível? Quem não sonharia transformar seu liceu em soviete surrealista e festivo? A única ocupação de escola que organizei, no outono de 1995, visava obter uma máquina automática de camisinhas. Esperavam outra coisa? Vocês pertencem à *geração 68* e eu, à *geração aids*.

Quem resistiria a reconstruir o mundo durante uma noite quente de maio com sedutoras revolucionárias liberadas da velha moral burguesa? Nas frias manifestações de 1995 — cada um tem o 68 que merece e o nosso foi organizado pela CGT em pleno mês de novembro! —, a única militante que consegui cortejar, entre dois acessos de tosse, me expulsou da casa dela quando me atrevi a negar, erro fatal, o caráter autenticamente revolucionário de 1917.

Vocês tiveram sorte em "fazer" 68, isso é ponto pacífico. Ai de mim, ô raiva, ô desespero, ô juventude hostil! Nasci onze anos depois e a única coisa que interessa aos meus olhos egoístas é saber o que 68 mudou *para mim*, que tive de agüentar catorze longos anos de Mitterrand, assimilar 24 semestres de Chirac e ir até a Ucrânia para depois poder dizer a meu filho, uma noite ao pé da lareira: "Não foi só o vovô, eu também conheci uma revolução alegre."

Seu idiota! Está cego? Olhe para você mesmo, observe suas companhias, contemple seu universo!

No fundo de cada um de nós cochila um bo-bo (não burguês-boêmio, mas bolcho-bonapartista),[11] para quem basta ouvir Maio para ter um sobressalto e xingar, exaltado pelo absoluto e pela certeza, a reviravolta que vocês provocaram, queridos lib-libs. Ouço-o cantando dentro de mim a *Lacrimosa* "extemporânea" de Régis Debray: "Claro, culpa das nossas escolas, nas quais o documento de atualidade substitui o monumento de literatura na aula de francês; dos nossos tribunais de arminho e peruca face à justiça sem toga (mediadores civis); dos 'bairros difíceis', onde não se compreende nem se ama um uniforme; das passeatas em que se desfila sem bandeira nem canção; dos museus de arte sem obra nem imagem, onde cabelo, pano, cinza ou merda não mais são representados, mas exibidos *in natura*, dejetos e secreções tornando-se suas próprias relíquias..."[12]

Ouçam, meus amigos, os queixumes do bo-bo!

Vivo num mundo que não sabe *mais* dizer "nós", um mundo estranho em que os "tiras" não são *mais* "amados" nas periferias.[13] Minha época não distingue *mais* o "documento de atualidade" do "monumento de literatura", a arte da "merda",

[11]Na grande família da esquerda intelectual, o bolcho-bonapartista é o irmão rival do liberal-libertário. Bo-bos e lib-libs não concordam a respeito de nada, em especial de Maio.

[12]*In* Régis Debray, *L'Obscénité démocratique*, Flammarion, col. Café Voltaire, 2007, p. 14.

[13]Isso é mais que sabido: "condés", "fritz", "bleus", "poulets" são termos criados por horríveis rappers pós-68, em lugar do respeitoso "senhor agente" do bairro de Aubervilliers dos anos 50.

"o que existe" do "que consiste" (Stiegler),[14] o nobre do ignóbil, a palavra do erudito da do imbecil. Minha época aboliu até mesmo as diferenças "naturais": a mulher e o homem se parecem tanto que esquecemos quem saiu da costela de quem (Zemmour)! O anti-racismo tornou-se um dogma e a mestiçagem uma religião (Finkielkraut). Maio de 68 roubou minha identidade! Vagueio num misto de caos individualista e exaltação fascista do instante.

A "redução do real ao visual e do pensável ao filmável"[15] nos faz parecidos com os prisioneiros de Platão, que acreditam na verdade de sombras projetadas à sua volta mediante um dispositivo midiático perverso (santa aliança entre Guy Debord e Martin Bouygues). Cativos de nossos corpos, vítimas de nossas emoções, cercados por um campo de ilusões, meros consumidores de imagens, somos incapazes de ver as reais Realidades, as ideais Idéias, os principiais Princípios. Nossos olhos dirigem-se para a Star Academy em vez de lerem a Bíblia ou a *Fenomenologia do espírito*. E, quando um de nós (digamos, Régis Debray) liberta-se dos grilhões, evade-se da nossa Caverna e volta para alardear a banalidade das sombras, a alienação dos cidadãos, a "diferença entre o que existe e o que consiste", nós o linchamos (simbolicamente, por favor). Ligados no *zapping*, não temos mais tempo para escutar o sábio. Tragédia do filósofo, miséria do midiólogo, crucificação do erudito. "Donos do saber, abster-se", lia-se nos muros da Sorbonne ocupada.

Os átilas do Quartier Latin subverteram as hierarquias do conhecimento, equalizaram as posições de elocução. "Quem

---

[14]Citado por Debray em *L'Obscénité démocratique*, *op .cit.*, p. 44. Os alunos de Terminale [último ano do liceu na França] apreciarão a estonteante originalidade dessa crítica.
[15]*In* Régis Debray, *op. cit.*, p. 45.

aprende ensina, quem ensina aprende."[16] Mas foi um carnaval antiplatônico, uma explosão de palavras simbolizadas pelo famoso "Tenho algo a dizer, mas não sei o quê" pichado num corredor de Censier. Uma torrente de discursos anárquicos e contraditórios submergiu a palavra dos esclarecidos, fossem estes tecnocratas, políticos, revolucionários profissionais, professores ou párocos. Seus ágapes primaveris abriram caminho para nossa sociedade cacofônica. E, hoje, o universitário e o saltimbanco, aquele que "sabe" e aquele que "acha que..." são convidados para o mesmo programa de televisão. *Bye, bye*, Heidegger, *welcome* Jennifer!

Vocês fizeram pior, lib-libs, que tomar o Eliseu: vocês inverteram as almas, transformaram os costumes, modifcaram os comportamentos. Somos todos organismos geneticamente modificados de 68, produtos de perigosas manipulações de pedras atiradas e *slogans*. Se tenho esta vida, a culpa é de Dany, se cheguei a este ponto, a culpa é de papai! Um livro negro para Geismar, uma auditoria para Cohn-Bendit! Um pontapé em Glucksmann, o fuzil para July! (Régis Debray vai gostar, ele, que reclama do suposto desaparecimento das "canções" das nossas passeatas.)

Vocês gritaram: "Somos todos judeus alemães!", e eu não sou mais nada, mergulhado numa era pós-nacional, pós-patriótica, pós-moderna, pós-identitária. Vocês escreveram: "A anarquia sou eu",[17] e eu chafurdo em pleno individualismo, única face para meus desejos e minha consciência. Vocês proclamaram: "É proibido proibir", e não obedeço mais nem aos meus pais nem ao meu rabino. Os tabus e regras que

[16]Inscrição pichada na faculdade de ciências políticas.
[17]Em Nanterre.

estruturam toda coletividade cedem diante dos meus desejos e vontades. Vocês cantaram: "Vivamos sem tempos mortos, gozemos sem freios",[18] e eu faço *jogging* de objeto de consumo em objeto de consumo, de prazer em prazer: sou o Cálicles do *Górgias*,[19] um barril furado, um drogado. Vocês disfarçaram o "Amai-vos uns aos outros" segoleno-crístico de "Amai-vos uns sobre os outros".[20] E aqui estamos nós indo tranqüilamente para a cama com mulheres, homens e até com homens e mulheres. Na cara de todo mundo, na casa de pais que não o são mais! O "*gay*" nos impõe seu "orgulho" e a garota afirma-se sexualmente igual ao garoto. Arrgh! Vocês transformaram minha vida numa orgia e meu país em lupanar. O mundo é um filme pornô, Tabatha Cash substitui a Virgem Santa e Jesus é capa de *Têtu*.

"Vocês diluíram a nação na sociedade, a história no atual, as idéias nas emoções."[21] Que mosca os picou? A situação econômica não era das piores na primavera de 68, o poder, nem mais nem menos repressivo que de costume, a esquerda, nem mais nem menos adormecida, o PC, nem mais nem menos impotente, os grupelhos esquerdistas, nem mais nem menos revolucionários. Edgar Morin fala de "acidente socio-

---

[18]Daniel Cohn-Bendit sempre reivindicou o individualismo radical que subjaz a Maio. Nesse sentido, proclamou, semanas após a insurreição: "O processo revolucionário dos meses de maio-junho só fazem redobrar a certeza de que um dia nós mesmos é que organizaremos as nossas vidas. Não faremos isso pelos nossos filhos, o sacrifício é anti-revolucionário e resulta de um humanismo stalinista-judaico-cristão, mas para finalmente poder gozar sem freios." *In Le Gauchisme, remède à la maladie sénile du communisme*, Seuil, 1968.

[19]"Aquilo de que falo é de viver no gozo, sentir todas as formas de desejos e saciá-los, pronto, é isto uma vida feliz", declara esse grande sessenta-e-oitista precursor da sociedade hedonista e consumista em que vivemos (*in* Platão, *Górgias*, 494c). Lib-libs, vocês fizeram Cálicles triunfar contra Platão!

[20]Universidade de Censier.

[21]Régis Debray, *op. cit.*, p. 38.

lógico"[22] e se espanta: "Alguma coisa estalou que não havia estalado em maio de 1958, que não estalou na época da OAS, alguma coisa que só rachou em 1940 por causa dos blindados alemães, alguma coisa estalou numa máquina que aparentemente funcionava, e, após duas semanas de ataques furiosos, mas extremamente limitados, quase insulares, de estudantes, um mundo se desfez..." Para quê? Para "nada"![23] Um trivial problema de dormitórios em Nanterre fez com que vocês me cortassem de um passado que sobrevivera a Salan e a Goebbels. E evitando a todo custo me fornecer novas referências e novas regras.

Turista da Eurodisney (um Chernobyl cultural!), telespectador do Loft (um campo de concentração midiático!), consumidor de Big Mac (um Auschwitz culinário!), sou *de*sarticulado, *des*miolado, *de*generado, *de*sossado, *des*cascado, *des*trambelhado, *des*virilizado, *des*membrado... Triste destino não passar de um "des" e viver no "não mais". Ah! Se pelo menos, sussurram-me seus inimigos bolcho-bonapartistas, se pelo menos eu tivesse conhecido a França de antes do "de", de antes de Maio, de antes do "não mais", a democracia não-"obscena", a nação dotada de um centro e um sentido, a cultura sem Arthur, a que preferia o ser ao parecer, o imutável ao imediato, o essencial ao contingente... Meu Deus, que diabos então é esse Éden a partir do qual são Régis contempla a nulidade do nosso mundo? "Corra, camarada, o velho mundo está *diante de você*!" Lá vou eu...

Aqui estou: na III República dos hussardos negros! Aqui respeitam-se de tal maneira as diferenças "naturais" que as

[22]Em La Brèche (Fayard, 1968, p. 66), magnífico opus escrito com Claude Lefort e Jean-Marc Coudray (Castoriadis) entre maio e junho de 1968.
[23]Uma das divisas mais geniais de 68, em Censier.

mulheres não votam e não trabalham mais. A escola de Jules Ferry! O professor primário ainda não é adepto da escrita coloquial e espanca o retardatário que fale corso ou bretão. Nas salas de aula, não há pôsteres de Alizée ou Madonna, mas belos mapas da França nos quais a Alsácia e a Lorena são estampadas em roxo para lembrar aos alunos que em breve eles terão de morrer por elas, a flor no fuzil e a pátria no coração. O documento de atualidade está tão ausente dos currículos que os pequenos argelinos e os jovens senegaleses aprendem a recitar "Nossos ancestrais, os gauleses"... Enfim, três quartos da Câmara da Frente Popular concedem dignamente plenos poderes a Pétain e a maioria dos burocratas espoja-se no colaboracionismo... Epa! Acho que me enganei de porta espaço-temporal. Perdão.

Seria eu um estúpido? A grandeza, a dignidade, é De Gaulle, evidentemente! Ah! "rever os monólitos assistindo à entrada de Jean Moulin no Panthéon..."[24] Rigidez, decoro, classe, enfim. Com a ORTF e Peyrefitte redator-chefe do jornal das oito, a televisão não corre o risco de confundir imagem e realidade. E as garotas não são "obscenas": quando são pobres demais para abortar na Holanda, fazem-no discretamente (isso é o que importa) nos banheiros dos liceus. Para desespero nosso, temos Maurice Papon, chefe de polícia de Paris, que atira alegremente centenas de argelinos no Sena. De Gaulle é "maior" que Sarkozy. De Gaulle não faz *jogging*. De Gaulle não sua. De Gaulle não veste camisetas dos bombeiros de Nova York. De Gaulle não se bronzeia num iate. De Gaulle não se divorcia da titia Yvonne. De Gaulle não posa em Gala. Entretanto, sinto uma espécie de dúvida.

---

[24]*In* Régis Debray, *op. cit.*, p. 32.

Vaidade das vaidades! Esqueço que estamos entre pessoas de esquerda, entre intelectuais (pleonasmo). Nosso Éden é a Guerra Fria, vivida do lado "certo". Ah! Saracotear em Havana ao ritmo da salsa, aos acordes dos violões, enquanto os pederastas pequeno-burgueses e outros poetas parasíticos apodrecem nas jaulas guevaristas... Ironia fácil (de novo esse maldito *daimon* de 68, mea-culpa): falamos da França, país que não tem nem Lubianka nem tribunal revolucionário, mas Aragon, Eluard, Garaudy, Vercors, *Les Lettres Françaises*. Em todo caso, os *nouveaux philosophes* são mais chiques que os situacionistas. *Le Meilleur des Mondes*, *Transfuge* ou *Le Nouvel Observateur*. Principalmente quando, por ocasião do *supercult* processo Kravchenko (1949), nossas sumidades stalinistas insultam Margaret Buber-Neumann, viúva do líder comunista alemão assassinado pelos nazistas, refugiado na URSS, deportado por Stalin, entregue a Hitler, transferido de Kolyma para Dachau... Resumindo, uma "puta degenerada" que informa os meninos da CIA acerca dos pretensos "campos" soviéticos. Provavelmente uma "nazista". *Houra, l'Oural.** Basta!

Franceses, mais um esforço para se tornarem autênticos sessenta-e-oitistas!

Essa exposição é anacrônica, mais que parcial, admito. É uma injeçãozinha de memória para professor nostálgico e midiólogo melancólico. Denunciar as injustiças e os defeitos da nossa sociedade é útil, necessário, vital. Como negar, po

**Houra l'Oural*: título de uma obra de Aragon, fruto de uma visita que o poeta fez à então URSS para conhecer a construção do socialismo. (*N.T.*)

rém, que a França de 1978 seja mais livre que a de 1958, a República de 2007 mais democrática que a de 1907 e o debate intelectual mais saudável que o de 1948? 68 não provoca degenerescência sociopolítica. Ao contrário.

O discurso bo-bo, enraizado na esquerda que surfa na onda antiliberal, deriva do que Simone de Beauvoir chama de "pensamento de direita": "um pensamento de vencidos"[25] que se agarra a uma ordem das coisas que nunca existiu, com medo da desordem presente. Uma fuga diante do real.

"This is the end/ My only friend, the end/ Of our elaborate plans, the end/ Of everything that stands, the end/ And all the children are insane..."[26] A música do The Doors assombra o discurso dos advogados a intervalos regulares: identificando o declínio de seu prestígio ao da cultura em geral, o fim de seu mundo ao fim do mundo, o fim de seu tempo ao fim dos tempos, eles profetizam "negros apocalipses"[27] e, com a idade, transformam-se em Savonarolas de segunda.

Que me permitam preferir a cacofonia ao catecismo, o culto da mestiçagem à religião da identidade, a "vipização" à colonização, Arthur e Ségolène Royal a Peyrefitte e Thorez, a MTV à ORTF. Se me entedio assistindo a *Pop Star*, se escuto com mais prazer um concerto para piano de Bach que os últimos "*hits*" de Jennifer, se acho Racine mais excitante que Koltès e os macacões de operário mais *sexy* que os *strings*, isso não me leva a sentir saudades da época do SAC ou do PC a 35%.

A crise cultural francesa não nasce do desenraizamento de 68 ou da globalização, mas da nossa incapacidade de admitir

---

[25]*In* Simone de Beauvoir, *Faut-il brûler Sade?*, Gallimard, col. Idées, p. 90.

[26]"É o fim/ Meu único amigo, o fim/ De todos os nossos elaborados planos, o fim/ De tudo o que resiste, o fim/ E todas as crianças estão loucas..." Versos da canção "The End", The Doors.

[27]*In* Simone de Beauvoir, *op. cit.*, p. 87.

ambos. Viktor Pelevin, Salman Rushdie, David Lynch ou Quentin Tarantino brincam com a desestruturação contemporânea. Nossa suscetibilidade produz filmes psi ou cartões-postais fetichizados, lamúrias mofadas ou afrescos caducos. Maio não matou a "Cultura", como afirmam os bo-bos, foi a recusa de levar a cabo a experiência de 68 que a mergulhou no formol.

Caros lib-libs, nunca irei recriminá-los por terem posto abaixo as verticais do poder e do saber que estruturavam a França gaullista, nem por terem sacudido essa contra-sociedade comunista que alimentava o fogo sagrado do *gulag* nas cabeças de quinze milhões de franceses. O relativismo político e moral de uma sociedade aberta é garantia de liberdade e progresso individual. "Herança" é muito pior.

Restam 1979, 1981 e 1994: esses fiascos não assinalam o caráter incompleto da ruptura de vocês?

Convido-os a viajar por entre os vestígios presentes de um tempo passado que, não obstante, os menores de vinte anos foram obrigados a conhecer. "A herança" que é urgente "liquidar" não seria antes o universo pré-68 que continua a poluir nossos espíritos?

Isso é apenas o início, continuemos o striptease

A democracia contemporânea, segundo Régis Debray, é "obscena"[28] porque nega a distinção entre o campo ou a cena e o fora-de-campo ou o fora-de-cena ("o corte cênico"), os-

[28]"*Ob-scenus*: o que resta de um homem quando não está mais em cena (*ob*: em vez de, em lugar de), quando exibe o que deve esconder ou evitar. Esse é o primeiro sentido da palavra, o segundo foi, conseqüentemente, sinistro ou de mau agouro. O plural neutro, *obscena*, designando os excrementos", *in* Régis Debray, *op. cit.*, p. 31. "A merda democrática", "A diarréia democrática" e até "Democracia merdejante" seriam títulos ainda mais bombásticos.

tenta "à vista de todos" o que antigamente ficava escondido e, o que está relacionado, prega a desmistificação permanente do decoro republicano.[29]

Essa "obscenidade" decorreria diretamente da *ideologia da transparência* promovida por 68. Maio teria desacreditado o lugar clássico da representação política (a Assembléia, os partidos, os ministérios, os sindicatos) e ridicularizado seus códigos tradicionais (a retórica e a cerimônia). Seu imperativo categórico, "Que tudo aconteça à vista de todos" — ilustrado pela exigência formulada por Geismar e Cohn-Bendit de estarem ao vivo no Europe 1 para negociar com as autoridades —, teria se tornado o credo da nossa sociedade. "Sentimos a suspeita da ilegitimidade, até mesmo da desonestidade, pairar sobre o segredo de Estado, verbas secretas e serviços do mesmo nome." Pior: "Um juiz fica indignado por não poder entrar no Eliseu como numa despensa para bisbilhotar os dossiês sigilosos de defesa."[30]

Grande evolução! O problema reside, justamente, em que ela continua completamente relativa. Régis Debray esquece que não estamos na Suécia, onde qualquer cidadão pode entrar num ministério para controlar os gastos do ministro, mas na França, onde enviar soldados para salvar um regime racista é discreto como um pequeno telefonema.[31] Nossa nação

[29]Régis Debray não digeriu em absoluto a função dessacralizante do pequeno Louis durante a cerimônia de investidura de Nicolas Sarkozy. Ao declarar: "A vida privada não tem sentido, só existe uma vida" (*in* Catherine Ney, *Un pouvoir nommé désir*, Grasset, 2007, p. 386), nosso novo presidente atinge, aliás, o paroxismo da obscenidade na acepção proposta por Debray.

[30]*In* Régis Debray, *op. cit.*, p. 34.

[31]Não é exagero: em Ruanda, em 1º de outubro, a rebelião da FPR ataca pelo norte e aproxima-se perigosamente da capital. Acuado, o presidente Juvenal Habyarimana telefona para Jean-Christophe Mitterrand, então líder da célula africana do Eliseu, que exclama ao desligar: "Vamos mandar uns soldadinhos para o titio Habyarimana." Em 4 de outubro, os pára-quedistas franceses chegam em Kigali. A ofensiva é rechaçada e o regime, salvo. Gérard Prunier, presente no gabinete de J.-C. Mitterrand no momento dos fatos, contou esta cena perante a comissão de investigação da Assembléia Nacional de 1998.

continua virtuosa. É uma grande pena, pois a obscenidade política é sinal de maturidade democrática.

Tasso atribui a seguinte máxima a Torrismundo: "Os segredos dos reis ao vulgo tresloucado/ Não devem ser confiados." O espírito democrático derruba o enunciado, seu advento procede inclusive dessa derrubada. É tudo uma questão de visível e invisível, de campo e fora-de-campo. Numa ditadura, o "vulgo" deve aparecer nu, despojado de seus "segredos", aos olhos de um Estado que não cessa de encenar sem jamais desvelar o que quer deixar transparecer. O tirano é um fanático pelo "corte cênico". Na democracia, ao contrário, os "reis" são por definição aqueles que não têm "segredos", enquanto o "vulgo", por sua vez, pode e deve preservar os seus.[32] O chefe de Estado é uma *stripper* e o cidadão, um *voyeur*.

A partir do momento em que o governante não representa mais uma instância transcendente, de Deus, da História, da Raça ou da Nação (compreendida como entidade dotada de essência própria, superior ao conjunto dos indivíduos que a compõem), mas simplesmente do corpo eleitoral, a natureza da representação muda e implica a publicidade das ações do representante. "O sagrado, eis o inimigo", diziam os muros de Nanterre. A dessacralização sessenta-e-oitista da relação com a autoridade é a mãe de todas as *obscenidades*. Não falo aqui dos charutos molhados de Bill Clinton, embora prefira de longe as escorregadelas de uma sociedade que se preocupa com as mancadas de seu presidente às de uma nação que ignora o que fazem seus soldados no coração da África. Monica Lewinsky é freqüentemente a contraparte de

[32]Nesse sentido, a instalação de câmeras de vigilância por toda parte coloca questões mais importantes que a presença de Ségolène Royal ou Nicolas Sarkozy na primeira página de *Voici* ou *Gala*.

Watergate. Não é um acaso o Iluminismo ter sido caracterizado pela explosão conjunta dos panfletos antiabsolutistas e libelos eróticos "desvelando" a intimidade do casal real: "vipização" e vigilância pública do poder vão de par.

A despeito de 68 e dos progressos do liberalismo, a despeito da americanização da França, a despeito de Louis e a despeito de Cécilia ou Carla, os palácios da República conservam um halo de mistério e religiosidade. Nosso chefe não mora na Downing Street, 10, mas no Eliseu, o que muda tudo. O Estado continua um mundo à parte e o Rei, uma réplica de Deus. Seu coração tem razões que a razão pública é intimada a desconhecer.

Na primeira fila desses bastiões do sigilo, a política externa, "domínio reservado" do monarca.[33] O problema não é tanto o presidente deter prerrogativas no campo das relações exteriores, mas essas relações permanecerem alheias ao público. Em 1990, François Mitterrand envia o exército francês para Ruanda: que seja ele a decidir isso em vez de outro é indiferente. Que ele não discuta isso no conselho dos ministros, que a Assembléia não discuta o assunto, que a opinião pública o ignore, este é o problema. Quem sabia em 1992 que apoiávamos militarmente o regime de Juvenal Hayarimana? Quem sabe hoje até que ponto foi esse apoio?

[33]Eis um aspecto em que se pode (podia?) ser ao mesmo tempo sessenta-e-oitista e sarkozista: "Contesto a idéia de 'domínio reservado'. Pois ela me parece contrária à democracia (...). Quero que os tabus sejam suprimidos em matéria de política externa, quero que o Parlamento possa discutir o assunto, e contesto a idéia de um único homem, seja qual for sua função, monopolizar essa questão." Trecho de longa entrevista de Nicolas Sarkozy sobre seu programa em política internacional, na revista *Le Meilleur des Mondes* (Denoël, outono de 2006).

Para salvar o país ou as instituições, uma ação discreta ou sigilosa é às vezes necessária. Isso deve ser a exceção, não a norma. O bispo de Vico, Michele Natale,[34] proclamava em seu *Catecismo republicano*: "Todas as ações dos governantes devem ser do conhecimento do povo, exceto algumas medidas de segurança pública que lhe devem ser informadas quando o perigo passar." O "perigo" acarretado para a França pela derrubada do regime ruandês continua pouco claro e François Mitterrand jamais revelou a natureza exata da nossa intervenção, nem tampouco seus sucessores, por sinal.

Camaradas lib-libs, 26 anos depois do Maio de vocês, um bispo italiano do século XVIII teria julgado nosso Estado bem arcaico. Levar a seu termo o régio *striptease* é uma urgência democrática. Os nostálgicos do segredo e do sagrado poderão sempre se reconverter à kremlinologia cara a Alexandre Adler: em Moscou, o decoro estatal e a opacidade vão bem e os juízes não estão prestes a "bisbilhotar os dossiês sigilosos de defesa".

Façamos tábula rasa do passado!

Como bons prisioneiros da Caverna de Platão, reduziríamos o espaço às coisas visíveis e, no mesmo movimento, o tempo a uma sucessão de instantes. Mais uma vez Régis Debray faz esse horror remontar a Maio de 68. Mais precisamente, à sua tendência situacionista, que ele define, naturalmente, como a alma do movimento e, provocação duvidosa, como o "pilar da Nova Ordem"[35] (*sic*).

---

[34]Homem de Igreja célebre por suas idéias liberais, foi executado em Nápoles pelos Bourbon em 1799.

[35]*In* Régis Debray, *op. cit.*, p. 25. A maiúscula é do autor: o situacionismo é um fascismo que se ignora!

O situacionismo, teoria e prática da subversão, pelo humor ou pela violência (ou por ambos), de toda e qualquer instituição, autoridade, religião, hábito ou organização, não é, segundo ele, senão uma "exaltação falastrona do imediatismo".[36] Sua posição dominante nos deixaria doentes, incapazes de manter a menor relação a longo prazo com a herança e o legado, com o passado e o futuro. "Sem outro princípio comum senão o direito dos indivíduos, convencida de que o presente goza de essência superior ao passado",[37] nossa sociedade se assemelharia a uma concha vazia, privada de toda substância por seu desprezo pela própria história e seu fascínio pelo instantâneo.

Uma sociedade totalmente situacionista, isso é certo, se autodissolveria como se autodissolveram sucessivamente todos os grupos situacionistas. A França corre esse perigo? Calma lá! O herói predileto das crianças chama-se Astérix. O maior sucesso cinematográfico dos últimos anos, *O fabuloso destino de Amélie Poulain*, apresenta uma Paris saída diretamente do formol (seguida de perto por *Les Choristes*, trepidante manifesto situacionista). Os "monumentos" de inatualidade de Marcel Pagnol são impostos a todo aluno justamente na idade em que ele começa a compreender o mundo contemporâneo. As Journées du Patrimoine* são provavelmente o maior êxito cultural das três últimas décadas.

Todo homem político digno desse nome escreve a biografia de um herói da gesta nacional, cita uma dúzia de ve-

---

[36]*Ibid.*, p. 29. Duas páginas antes, Debray qualificara *A sociedade do espetáculo*, de Guy Debord, como "breviário da ortodoxia na moda".
[37]*Ibid.*, p. 37-8.
*As Journées Européennes du Patrimoine são um evento cultural criado pelo Ministério da Cultura francês e realizado a cada três anos. (*N.T.*)

zes De Gaulle, Blum e Mitterrand em cada um de seus comícios, inscreve-se em mil anos de tradições com um sim ou um não... Até mesmo o candidato da "ruptura" exalta, com *tremolos* na voz, o "longo manto de catedrais" que cobre a terra da França. Longe de serem vítimas da obsessão pelo tempo presente, nossos representantes são fascinados pela Legenda dos Séculos.

Voltemos a Ruanda por alguns instantes. Sabiam que nosso exército chafurdou lá porque "tiramos lições da História"? Tive de me beliscar quando o general Quesnot, ex-chefe do estado-maior de Mitterrand, desferiu-nos tamanha estupidez.[38] Sabiam que travamos guerras e batalhas na África, por regimes interpostos ou diretamente, porque o passado "mostra" que franceses e "anglo-saxões"[39] são rivais eternos nessa parte do mundo? Quantas vezes não ouvi diplomatas e militares, de baixo e alto escalão, me assegurarem num tom sentencioso e grave que "tudo isso vem de muito longe"?

"Isso vem de longe", com efeito. "Isso" chama-se "síndrome de Fachoda", nome de um rochedo do Sudão meridional onde os ingleses nos aplicaram uma surra cabal, há mais de cem anos, apoderando-se assim da nascente do Nilo. Vocês parecem não compreender, cambada de empedernidos ses-

---

[38]Com Pierre Mezerette e David Hazan, co-autores e co-realizadores de *Tuez-les tous! Rwanda: histoire d'un génocide sans importance* (2004).

[39]"Anglo-saxões: todo o mal vem deles. Levam o vício a ponto de não saberem que são anglo-saxões, uma vez que pretendem ser americanos ou britânicos." Trecho do *Dictionnaire des idées reçues du Quai d'Orsay*, obra subversiva e hilariante de dissidentes perdidos no seio da venerável instituição. *Le Meilleur des Mondes* (Denoël) publicou-a em seu número da primavera de 2007. Vou me contentar em citar o verbete "Fato": "realidade vulgar que temos orgulho de ignorar. Não são os fatos que alicerçam a política externa francesa, mas a história (exemplo do Líbano), os preconceitos (exemplo da Iugoslávia) ou a rotina (exemplo inútil)." Consultar em especial os verbetes "Pavlov", "De Gaulle", "Esquerda", "Direita", "Tibete", "Putin" e "Saddam".

senta-e-oitistas: a nascente do Nilo! Desde então alimentamos um desejo de revanche insaciável, transmitido de geração em geração, e vivemos na obsessão de que vis "*roast-beefs*" venham a atacar nosso "*pré-carré*". O inenarrável Quesnot conclui sua lição afirmando, sem a menor prova, que a França combatia a CIA nas colinas ruandesas. Langley,[40] é visível, só pensa numa coisa: enxotar a França da África.

Notem bem, se os americanos, que sucederam diabolicamente os ingleses, dedicassem o mesmo culto delirante à História e nos retribuíssem nosso ódio plurissecular, teriam intervindo *realmente* em Ruanda para ajudar seus *supostos* comparsas tútsis a vencerem mais rapidamente nossos *verdadeiros* amigos hútus, e o genocídio não teria acontecido. Mas podemos pedir à humanidade inteira que partilhe nossa própria loucura? Não seria mais criterioso a França dispor-se a entrar no diapasão das outras sociedades ocidentais aceitando que o presente tem razões que o passado desconhece?

De acordo com nossos caros bo-bos, esse desdém pelo longo prazo acarretaria um "jovialismo" fanático, enésimo legado calamitoso de Maio de 68, esse "1789 sociojuvenil" (Edgar Morin, que se regozija com isso por todos os motivos). A França, acometida de "jovialismo"? Que piada! Devo lembrar que fomos presididos por gerontes até 2007 (tirando Giscard, o mais sessenta-e-oitista dos nossos presidentes antes de Sarkozy)? Os franceses não elegiam um pai, mas um avô da Nação. Clinton, quando deixou a Casa Branca, teria sido o caçula da nossa Assembléia. Um pouco mais de *jogging* e de Rama Yade nos faria um grande bem. "Sacode a poeira", proclamava 68. À faxina!

---

[40]Quartel-general da CIA, na Virgínia, desde 1961.

Ser jovem, admito, não é uma qualidade suficiente para alguém ser eleito presidente ou nomeado ministro. Mas ter perdido quinze eleições e vivido quarenta anos nos palácios da República tampouco dá uma legitimidade incontestável. Em três ou quatro décadas, isto é certo, adquire-se um conhecimento aprofundado das instituições, mas que sabemos concretamente da sociedade que supostamente representamos e servimos?

Opacidade, verticalidade, passadismo e ancianismo são as mamas do poder pós-68. "O Rei está morto, viva o Rei!", proclamaram em coro os burocratas do Estado quando o General caiu.

Entretanto, a injunção "Matem os burocratas" lida nos muros da Sorbonne estava no cerne da prática e da teoria de Maio. Todas as estruturas que repetiam o modelo estatal de comando vertical e funcionamento opaco foram proclamadas "despóticas". O Lenin de vocês clamava pela "supressão do aparelho estatal" (*O Estado e a Revolução*), o Mao de vocês bradava "Incendeiem o quartel-general!", o Marx de vocês afirmava "extrair em toda sua pureza o antagonismo existente entre a sociedade e o Estado" (*O 18 Brumário de Luís Napoleão Bonaparte*). Essas tristes referências obrigatórias eram todas pautadas por uma emancipação coletiva e individual (o que supunha, no caso, uma maldita violência exercida sobre textos e fatos!), passando pela destruição do Estado.

Ainda bem que vocês não "mataram" os burocratas. Mas por que os deixaram agir, pensar e viver como antes? A França de 2007 continua infinitamente mais hierarquizada que os países escandinavos ou "anglo-saxões", e até mesmo que a Espanha ou Portugal. Centenas de chefinhos dominam a universidade e o mundo empresarial. Em cada escalão, em cada domínio, a experiência e o status prevalecem sobre a iniciativa e a inovação. O zelo pelo passado e o pendor à obediência oprimem a criação e a originalidade.

A subversão da verticalidade foi o grande assunto de 68. Teriam vocês voado de vitória em vitória até a derrota final? Por que Maio, definitivamente, totalmente, irremediavelmente, não triunfou sobre a França absolutista?

68 na Amazônia

Expulsar o Estado da cabeça. Vocês o espezinharam com pedradas, discursos e livros. Mergulhemos por um instante no coração do "pensamento sessenta-e-oitista" para tentar compreender as idéias, os conceitos e as representações do mundo subjacente ao seu "Matem os burocratas" e ao que dele adveio.

Fazer emergir uma obra dos vagalhões de aforismos, torrentes de palavras, furacões de textos que irrigam os anos 68 (1965-75) não é coisa fácil. Se há um autor que, não obstante, permite apreender o que a geração de vocês *realmente* pretendeu e *realmente* fez, este é sem dúvida Pierre Clastres. O príncipe da antropologia lib-lib, num linguajar crepitante, com uma fina perspicácia voltairiana, nos fornece, mediante um curioso desvio, a chave da compreensão da emancipação sessenta-e-oitista. Vamos para a Amazônia a fim de ali saborear a "substantífica medula" de Maio.

Pierre Clastres pretende-se arauto de uma "revolução copernicana"[41] em antropologia. "Levar o outro a sério" exige captar sua lógica própria, cessando de vê-lo como um negativo de si. Isso supõe, no caso de as comunidades amazônicas da Floresta livrarem-se da certeza etnocêntrica segundo a qual uma sociedade sem Estado é uma sociedade inacabada, que a ausência de Estado é uma falta de Estado. "Convém saber aceitar que a negação não significa o nada":[42] a recusa do poder separado é uma lógica positiva e as sociedades *sem* Estado são sociedades *contra* o Estado.

Claro, há um "chefe" nas comunidades da Floresta, mas destituído de poder. Um homem acha-se instalado, no meio do grupo, como uma criatura à parte: distribui bens a todos sem nunca receber nada, é polígamo quando a monogamia é de regra, fala constantemente sem ser escutado. Bens, mulheres e palavras: por conseguinte, distingue-se por uma relação fundamentalmente anormal com os elementos cujo intercâmbio estrutura a sociedade e sanciona a passagem da natureza à cultura. Essa relação é precisamente um antiintercâmbio: o chefe sai da lógica do dom-contradom, sua linguagem é uma anticomunicação (é proibido responder-lhe, embora sequer dêem-se o trabalho de escutá-lo).

Situado pela sociedade "no cerne do universo da comunicação" (a cultura), o chefe é a negação de qualquer comunicação, a anticultura: a representação da natureza. A comunidade instaura diante de si, em seu centro, o modelo de sua própria negação e, no próprio movimento dessa instauração, nega-lhe todo e qualquer poder sobre ela. Ela o

---

[41]Pierre Clastres, *La Société contre l'État*, Minuit, 1974, p. 23 [ed. bras.: *A sociedade contra o Estado*, São Paulo, CosacNaify, 2007].
[42]*Ibid.*, p. 18.

institui enquanto impotência. "A apresentação do poder, tal como ele é, é oferecida a essas sociedades como o próprio instrumento para anulá-lo."[43] Instauração-negação, gesto inaugural da comunidade que se descobre e redescobre una e insubmissa no instante em que se proporciona um senhor para logo negá-lo como tal.

A instituição enquanto impotência do chefe permite conjurar os desejos naturais dos homens, sua *hybris*. Para se organizarem contra sua emergência, as sociedades primitivas não precisam ter conhecido o Estado — os ataques contra Clastres careceram de perspicácia nesse aspecto —, mas captar a radicalidade dos desejos naturais que conduzem ao advento de um poder separado (desejo de dominação, desejo de servidão). A chefia, imagem controlável e enfraquecida do caos natural, permite ao grupo, ao recusar o Estado, sentir-se senhor e dono da natureza.

Impossível não pensar em Ésquilo e no fim da *Oréstia*, quando as deusas do caos, as Erínias, tornam-se as Eumênides e são instaladas no coração da pólis como a própria imagem de sua negação domesticada. É nesse instante que Atenas é criada como pólis racional e política: o Ocidente nasceu. Mesma instauração-negação, mesmo advento da comunidade na domesticação do que a nega. Salvo que, na Grécia, as Erínias são controladas pela fundação do Estado, compreendido como o que civiliza o caos e permite a sociedade livre, enquanto as sociedades amazônicas assimilam o Estado ao caos e se constituem como civilização livre negando a possibilidade mesma de sua emergência. A Floresta de Clastres mergulha o leitor num quiasma absoluto e coloca o Estado

[43] *Ibid.*, p. 40.

como problema e não mais como axioma: tocamos no cerne da revolução mental de Maio de 68, que consiste em "problematizar a problemática institucional do poder".[44]

Em seu posfácio ao *Discurso da servidão voluntária*, Clastres inscreve sua obra na linhagem de La Boétie. Este, a quem ele qualifica de "Rimbaud do pensamento", politizou antecipadamente o adágio poético das *Iluminações*: "A vida verdadeira está alhures." Alhures, não em outro lugar, mas *no* alhures, na distância. Mais precisamente na distância em relação ao Estado. Toda autoridade julga que nossa reflexão parte dela, de seu poder e de sua natureza. Ora, o poder do Rei é simplesmente a soma das nossas renúncias.[45] É a sociedade que o suscita e alimenta. É ela, portanto, a primeira de fato e de direito. O Estado vem depois, pois não é nada em si mesmo. Colocá-lo como um dado constitutivo do fato social é uma *alienação*.

A comunidade submissa (pré-sessenta-e-oitista) julga constituir-se na submissão *ao* chefe, ao passo que a comunidade emancipada (sessenta-e-oitista, autogerida ou amazônica) forma-se e autocelebra-se na submissão *do* chefe. Passamos da identificação imaginária ou sagrada com o poder, "estádio do espelho" (Lacan), em que o povo aliena-se na imagem de sua unidade (o Estado), para a identificação simbólica ou fase de diferenciação. A reviravolta é sensível: não estou perante o Estado como perante mim mesmo, posso opor-me a ele, negar sua autoridade e até mesmo sua existência sem recair num estado de natureza pré-

---

[44]*Ibid.*, p. 12.

[45]"De onde ele roubou essa profusão de olhos com que o espiona,/ Se não lhos emprestaste?/ Como ele tem tantas mãos para golpeá-lo,/ Se não as arranca de ti?/ Como pode ele ter algum poder sobre ti,/ A não ser por teu intermédio?", La Boétie, *Discurso da servidão voluntária*.

político. Uma relação de conflituosidade com o Estado é pensável, não contraditória. Melhor: a ausência de relação íntima — ou relação de exterioridade radical — com o Estado é racional. Desejável. Vital.

Essa emancipação intelectual levou-os, caros lib-libs, a viver durante quarenta anos uma admirável existência de cidadão e consumidor sem se fazerem a pergunta até então obrigatória da conquista e do papel do Estado.[46] Vocês tornaram o indivíduo mais livre, dando origem ao que chamamos de "sociedade civil". Na França, país centralizador como o diabo, nação vertical herdada da burocracia absolutista, foi um terremoto.

Por outro lado, o temperamento de vocês coloca certos problemas. O Estado cessara de existir nas suas cabeças e, com o correr do tempo, nas suas vidas. Vocês libertaram a sociedade sem assegurar, na confusão, seu controle sobre o Estado. Um hiato cada vez maior os separou e a França que vocês nos legaram é uma sociedade moderna e um Estado arcaico. É esquizofrênica.

O primeiro presidente de esquerda eleito depois de 68 foi o homem da esquizofrenia absoluta. Reatou com o culto da História e do sigilo mais ou menos abandonado por Giscard e, ao mesmo tempo, encorajava a sociedade a se liberalizar cada vez mais rápido. Isso produziu, no melhor dos casos, as rádios privadas, a televisão livre, a Festa da Música... No pior, esse "espírito de Maio", sucedâneo tedioso de uma insurrei-

---

[46]A geração de 68, a mais politizada de todas em sua juventude, perdeu a vez em se tratando do exercício do poder. Passamos diretamente dos Mitterrand e Chirac, nascidos muito antes da guerra, para Sarkozy e Royal, jovens demais para terem participado de Maio. Seria preciso esperar 2007 e a eleição de Sarkozy para vermos um representante da geração de 68 assumir um ministério de prestígio com a nomeação de Bernard Kouchner para o Quai d'Orsay. Espantoso, não ilógico.

ção que toca sem parar, como um disco arranhado, sua partitura cultural ou societária já vitoriosa.

O pior: 1994.

Ninguém reina inocentemente, e, sem impor ao poder um controle cívico, midiático e político permanente, expomo-nos fatalmente a que um rei sozinho em seu palácio despache suas "soldadescas" para Murambi, Kigali ou Bisesero. Em nome do país inteiro.

Esse elo entre as vontades de uma sociedade e o Estado que permite sua realização chama-se política. Foi a grande esquecida do pós-Maio, devendo, um dia ou outro, sair do esquecimento. À custa de vocês.

Chirac como xamã, Sarkozy como Édipo

Catorze de abril de 2005 marca o desfecho da lógica amazônica pós-sessenta-e-oitista. Jacques Chirac defende, nos estúdios da TF1, o tratado constitucional europeu perante um "painel representativo" de oitenta e três "jovens adultos". Grudada na televisão, a França se reconhece como comunidade da Floresta ao ouvir seu chefe bradar "Não entendo vocês" para aqueles que supostamente representava. Naquela noite, vocês venceram: passamos do astucioso "Entendo vocês", lançado por De Gaulle aos colonos da Argélia, ao estarrecedor "Não entendo vocês", de Chirac. O Estado reconhece que não está mais antenado com a realidade social, que está desconectado, em posição de impedimento. O divórcio foi conquistado, o consentimento mútuo obtido. Vitória, portanto, paga com a derrota do ideal europeu de vocês.

Elegemos, depois reelegemos, não o defensor de um programa ou de um ponto de vista, mas uma marionete, aquela, extravagante e comovente, que perambulava em 1995 com facas enfiadas nas costas, tocando tambor para que se dignassem enfim a escutá-la, depois, aquela outra, simpática e ridícula, do "Superimpostor" de 2002, que repetia clichê atrás de clichê sem esperança de que acreditassem nele. Uma marionete amazônica do cordão vermelho e da segunda ou terceira rede diplomática do mundo: experiência estranha, com certeza.

Portanto, vocês são responsáveis, camaradas. Em 1979, vocês preferiam provavelmente Rocard, mas, no fundo, isso não tinha importância: o Estado estava nadificado, os partidos, mediocrizados e a política, ultrapassada. O resultado foi, em primeiro lugar, a monarquia mitterrandiana feita de mitos e arcaísmos, concluída com a nossa vergonha ruandesa, depois o principado chiraquiano, aventura circense de um rei frívolo que se contentava em desferir a cada 14 de julho, a telespectadores cada vez menos atentos, um ou dois "shhhh" e três ou quatro "abracadabrantescos"* bem colocados.[47]

Essa situação não podia durar indefinidamente. O marasmo, a depressão e a crise de confiança provocados por essa defasagem absoluta entre o povo e as instituições desembocaram nos filmes-catástrofe "Le Pen 2002" e "Não 2005".

Surpreendidos em seu bem-bom, vocês compreenderam vagamente que um ligeiro mal-estar carcomia o coração de

*Neologismo [*abracadabrantesque*] criado por Rimbaud e "ressuscitado" por Jacques Chirac em 2000 ao desmentir seu envolvimento com a corrupção; significa "inverossímil". (*N.T.*)

[47] O chefe indígena caracteriza-se, segundo Clastres, esqueci de dizer, por uma linguagem diferente daquela do comum dos mortais, palavras que lhe são peculiares e que não convidam ao diálogo.

sua bela Floresta. Porém, como nunca se interrogaram sinceramente sobre sua relação com Mitterrand, 1979 e 1994, ou Chirac, 2002 e 2005, vocês cacarejaram quando Sarkozy atacou a "impotência" legada por 68.

Entretanto, em meio a uma torrente de exageros destinados a um público desejoso de romper com quarenta anos de esquizofrenia, figurava esta idéia essencial: a política está de volta ao primeiro plano. "Todo mundo percebe que a história não terminou, que continua trágica e que a política não pode desaparecer porque os homens hoje sentem uma necessidade de política e uma vontade de política como raramente desde o fim da Segunda Guerra Mundial."

Antes de 68, a política sufocava sob o jugo dos mitos e da verticalidade. Em 68, ela deitou-se na horizontal (perfeito), para se propiciar uma longa sesta (perigoso). Já é hora de ela acordar e reencontrar, ou melhor, encontrar, seu papel num mundo em revolução permanente.

Então, sim, há o risco de Sarkozy acreditar *realmente* em seus arroubos de Bercy e querer *realmente* restaurar a "grandeza" de uma nação que precisa acima de tudo respirar. Existe também o risco de a "ruptura" não se limitar a alguns discursos, de o rejuvenescimento ser apenas uma fachada, de Rama Yade ficar de mãos atadas, de a abertura do governo para a sociedade civil não passar de um blefe, de Bernard Kouchner, Martin Hirsch ou Fadela Amara não conseguirem fazer as burocracias, cuja inércia é estratosférica, funcionar. Mas, justamente, risco político é coisa inédita para uma geração criada na Amazônia.

A incerteza é a *ratio cognoscendi* dos períodos de ruptura. Será Sarkozy o homem da ordem ou do movimento? Esquecerá suas promessas de renascimento ao se acostumar com os palácios da República? O atleta *youppie* e iconoclasta cederá face ao poder hipnótico dos burocratas do Eliseu? O "sangue mestiço" orgulhoso de não ser de uma "terra que não mente"* percorrerá o mundo repetindo que "a agricultura e a pesca constituem a identidade da França"? O candidato que queria bombardear o Quai d'Orsay e jogar a "*realpolitik*" na lata do lixo terminará por prender uma nova Legião de Honra no brasão do carniceiro de Grozni?

As perguntas resumem-se numa única: qual será o pai que Sarkozy matará primeiro? Jacques Chirac ou Daniel Cohn-Bendit? Ou ambos, o que decerto seria o mais "sessenta-e-oitamente" desejável?

Se sua filiação ao primeiro não deixa dúvida, a relação com o segundo poderia surpreender. Entretanto, Sarkozy nunca teria sido presidente sem assumir radicalmente o desenraizamento operado por Maio. Apesar disso, sua mania de descer à arena para tratar com grevistas da SNCF ou pescadores irados, sua prática do rasgo teatral permanente (as enfermeiras búlgaras, os jornalistas e as comissárias de bordo do caso do Chade...), a transparência que suscita pelo seu show constante (nunca se falou tanto da vinda de um ditador à França quando da visita de Khadafi...), a maneira como ele abandonou os mitos delirantes de nossas monstruosidades diplomático-militares para reatar com Ruanda — tudo isso assinala uma relação com o espaço e o tempo mais "situacionista" (na acepção de Debray) que "villepinista".

---

*"Terra que não mente": palavras do marechal Pétain referindo-se ao solo da França. (N.T.)

Ainda persuadidos de que podem viver na Floresta, vocês não suportam o estilo duvidoso que seu novo presidente tem de tudo politizar, a começar pelo próprio Estado. Porém, com o Estado reinando acima dos partidos, a Presidência neutra, o bondoso rei que não se mistura aos conflitos e problemas sociais, eis o que não é democrático.

O contrato com que vocês sonhavam, entre duas mônadas autogeridas que coabitam sem nunca se tocar, não podia funcionar. Apenas a política é capaz de arrancar a França pós-sessenta-e-oitista da esquizofrenia. Com o risco de retomar as rédeas atirando nas costas do movimento mais extraordinário que nosso país conheceu desde a Libertação.

Agradecendo-lhes por tudo que vocês iniciaram e estimulando-os a prosseguir a luta,

Lib-libertariamente seu,

Raphaël Glucksmann

ATO III

Revoluções e contra-revoluções filosóficas

por André Glucksmann

INTERMEZZO

Caro Raphaël, sua descrição pouco lisonjeira dos itinerários lib-libs, liberais e libertários, numa Amazônia antipolítica de segunda acerta em cheio na mosca. O admirável Coluche ilustra isso à perfeição. "É a história de um cara" cuja insolência, falar franco e iniciativas generosas filtram o melhor de Maio de 68. Ao lançar a aventura dos "Restos du Coeur"* em 1985, ele toma uma decisão pessoal, congrega fidelidades individuais, opera fora do Estado, fora da municipalidade, fora de partidos e rompe com a dominante francesa que delega a custódia dos pobres às autoridades públicas. O Abbé Pierre,** muito antes de Maio, e as ONGs médicas que se multiplicam após Maio (MSF, MDM, ACF etc.) manifestam igualmente a necessidade, face à urgência, de não esperar a providência do Estado e não esperar tudo dela. Os "engajados" à moda antiga contentavam-se em protestar: "Que faz o Estado?", "Que faz o governo?" "Em que são aplicados nossos impostos?", a caridade individual era suspeita. Os "palermas"

*"Restos du Coeur": iniciativa de caráter social do comediante francês Coluche (Michel Gérard Joseph Colucci, 1944-1986), espécie de "cantinas para os pobres", que se espalharam por toda a França; Coluche apresentou-se como candidato nas eleições presidenciais francesas de 1981, retirando a candidatura antes do escrutínio final. (*N.T.*)

**Abbé Pierre: codinome de Henri Grouès (1912-2007) como resistente; padre capuchinho, chegou a ser eleito deputado, tendo participado intensamente da vida política francesa; negou seu apoio a Sarkozy nas últimas eleições. (*N.T.*)

de Coluche encaram a briga e intervêm sem a concordância dos escalões responsáveis. Essa capacidade de agir sem o Estado, e com isso educá-lo, é uma conquista preciosa. 68 fraturou uma opinião pública francesa, que ainda permanece, nos nossos dias, a mais antiliberal do Ocidente, portanto a mais estatizante.

Outro lado da moeda, a sensação da inutilidade estatal descamba da ridicularização da política para sua negação. Quando, em 1980, Coluche, depois de seu casamento bombástico com Le Luron, apresenta-se candidato à presidência da República, agrupa todos os lib-libs "amazônicos" da França e Navarra, que acham a piada filosoficamente fundamentada: o fortuito *slogan* de 68 "Eleições, armadilha para babacas" perpetua-se como verdade eterna. Rir do poder é uma necessidade numa democracia honesta, negar sua eficácia, boa ou má, é iludir-se. Coluche, apesar dos seus 20% de aprovação nas pesquisas, logo foi cooptado pelos políticos profissionais e pelo mais raposa deles: François Mitterrand. Diversos veteranos de 68 seguem o simpático farsista e caem nas garras da esquerda. Os desconfiados participam do movimento geral, convencidos da inocuidade definitiva do Estado: se a eleição do novo presidente não faz bem, também não fará mal.

Vamos contar o resto com mais vagar. O que falta aos nostálgicos de Maio (a "segunda esquerda") para deter Mitterrand (dono do PS e do Programa Comum com os comunistas) em benefício de Rocard (favorito nas pesquisas)? Faltam dois tipos de ruptura:

1. Ousar "arrebentar a boca do balão", convocar os eleitores para isso, o aparelho e seus caciques, o que Ségolène Royal fará apenas 27 anos mais tarde.

2. Ousar resistir à chantagem "de fazer o jogo da direita". A prédica amaldiçoa os que escarnecem da hierarquia e da disciplina do Partido. A segunda esquerda, até sua dissolução final, respeita como um deus a divisão direita, esquerda, portanto ameniza suas críticas quando estas visam aos "camaradas" (Mitterrand-Marchais) e correm o risco de serem ouvidas pelo "inimigo de classe" (Giscard, no caso).

Por trás dessa autocastração permanente subjaz a certeza amazônica de que, no fim das contas, pouco importa quem ocupe o Eliseu, contanto que seja de esquerda: uma vez que o Estado pode pouco, o mal que pode fazer é pequeno. Claro, você tem razão, Rocard no lugar de Mitterrand não teria brincado com o fogo — o fogo genocida! — em Ruanda. Mas seria preciso que ele e seus aliados previssem o dano de um presidente de passado pouco brilhante e não supusessem que o dano ao Estado tende, por impotência intrínseca, para zero.

Uma década após os "acontecimentos", os sobreviventes da pândega, a segunda esquerda e Coluche não vacilam diante da ilusão Mitterrand, cuja ficha corrida era em grande parte conhecida, mas sucumbem à ilusão de um Estado mínimo e em pane. Como se passa da revolução à apatia? Como se passa da vontade de transformar o mundo ao desejo de esquecer a política, suas pompas e suas obras? Esse curiosíssimo cavalo-de-pau seria fatal?

Elucidar a antipolítica pusilanimidade que congela o impulso sessenta-e-oitista permitirá, de passagem, resolver o mistério menor das paralisias crônicas que afetam a esquerda francesa. Estranho Michel Rocard, que reconhece que "a França escolheu o lado errado" — o dos genocidas — no episódio de Ruanda. Quando ele era primeiro-ministro, isso escapava a seu entendimento, ele aceitava sem pestanejar o “domínio reservado” de F. Mitterrand. Estranho Jacques Delors, que, com todas as chances de ganhar as eleições presidenciais contra J. Chirac, desistiu bruscamente. Estranhos reformadores de esquerda e de centro, que, unidos, tinham grandes probabilidades contra N. Sarkozy no segundo turno de 2007. O estafe mais próximo de Ségolène Royal foi bloqueado pelo aparelho socialista, depois F. Bayrou esquivou-se como “um namorado com medo da impotência ou de uma traição escabrosa”, conta a bela Ségolène, grosseiramente despachada diante de uma porta fechada. Todas essas honradas pessoas ficarão perplexas ao saberem que são, à sua revelia, heróis pós-modernos, suas “impotências” e fracassos tendo sido antecipados, teorizados, legitimados e incensados pelas estrelas acadêmicas do pós-Maio parisiense.

Sob as pedras,* Stendhal

"Fabrice tornou-se como um outro homem, tantas reflexões profundas fez sobre as coisas que lhe acabavam de acontecer. Só continuara criança num aspecto: o que vira era uma batalha e, em segundo lugar, essa batalha era Waterloo?"

Stendhal, *A cartuxa de Parma*

O caráter inacabado das "jornadas" de Maio não autoriza nem panorama nem versão oficial. Todos pescam, nas imagens, com que alimentar suas pregações, a evidente arbitrariedade das interpretações impõe-se de imediato e persiste *a posteriori*. Colados no acontecimento, o sentido do movimento parece tão esparramado quanto as vicissitudes de uma batalha à qual Fabrice del Dongo se lança, cabeça baixa, sem nunca perceber quem está ganhando ou perdendo. Culpa de algum Napoleão que tenta o tudo ou nada, sem exércitos dispostos a se engalfinhar uns com os outros, nenhum comunicado de vitória ou derrota, Deus sabe que eles são incontáveis, permite avaliar, depois de quarenta anos, as reminiscências difusas de uma primavera-surpresa. O que signi-

*No original, *pavés*, isto é, as pedras atiradas pelos manifestantes contra a polícia em Maio de 68. Paráfrase do *slogan* "Sous les pavés, la plage" [Sob as pedras, a praia] (N.T.)

fica que não existe memória pura. Cada um a evoca em função de sua preocupação do momento; lembranças e reflexões serão *a priori* indissociáveis. Com isso, o pós-Maio participa de Maio, bem como estende-se na seqüência — revolução ou não-revolução?, a pergunta só faz sentido se a revolução dos espíritos transformar o espírito das revoluções. Um muro de Nanterre rebelde anunciava, premonitório: "Isso não é uma revolução, Sire, é uma mutação."

Essa releitura reflete de imediato as divisões convencionais do debate político franco-francês. O protesto é universal e contagiante. Sessenta cidades americanas (logo 125) entram em ebulição, violenta e não-violenta, pelos "direitos civis", Martin Luther King, que "teve um sonho" em 63, é assassinado em abril de 68 em Memphis. Revoltas estudantis em Berkeley ou Chicago contra a guerra do Vietnã. Manifestações em Berlim Ocidental. Greves e ocupações das universidades em Tóquio e Seul. Protesto em Belgrado. Levante dos operários e estudantes poloneses. A "Primavera de Praga" une a população checa. "Inédita no México", a exigência de "democratização" reúne quatrocentas mil pessoas, estudantes e povo misturados, e termina no sangue da praça das Três Culturas, com a repressão deixando 325 mortos. A *posteriori*, as diferenças de situação e reivindicação saltam aos olhos. No Ocidente, supõe-se a democracia conquistada e a ser superada. No Leste, ela é exigida contra as ditaduras vigentes. Às vezes, como no México, ambos imperativos coincidem.[1] De toda forma, a insurreição moral é mundial, atacando em toda parte as coerções políticas e culturais da sociedade estabe-

[1]Ver o excelente ensaio de Octavio Paz, "Olimpíada e Tlatelolco", *in O labirinto da solidão e pós-scriptum*, Rio de Janeiro, Paz e Terra, 2006.

lecida. Maio de 68 nunca é vivido como uma aventura francesa "toda nossa" e somente nossa.

Nosso ponto de partida é a piada absurda segundo a qual Maio de 68 — o "Grande Bazar", é o título de Daniel Cohn-Bendit — supera com folga as encenações mais devastadoras de Beckett ou de Ionesco. O próprio Alfred Jarry não teria imaginado reunir, no pátio da sacrossanta Sorbonne, todos os Ubu do século XX, defuntos ou em pleno exercício, deixando a cargo de seus pôsteres os saborosos diálogos de que os assassinos raramente extraem prazer. Lenin, Mao, Trotski, Stalin, Fidel, Che, um ditador albanês ali, um vietnamita acolá, a desafortunada Rosa Luxemburgo ao lado de não sei que fundador da Gestapo soviética. A raspa *au grand complet* do marxismo internacional fuzilava-se com o olhar, coabitando pela primeira e última vez. A cada um sua efígie e seus fãs, eliminadores e eliminados confundidos.

O templo do saber, com todas as suas portas abertas, convocava à tribuna as cabeças pensantes, os mentores dos homens e os fanáticos pela revolução mundial, ao passo que o casal curioso, o adolescente ávido de epopéia e o sexagenário ativo, os cansados, os fracassados, os saudosos de seus idos vinte anos e os entusiastas pela vida, todos tentavam arrancar das sombras ilustres o sutil veredicto da história universal. O parisiense pretende-se revolucionário, que diabos!, e afinal o marxismo não é a "ciência da revolução"?

No fim de três semanas, a equipe surrealista enfiou a chave embaixo da porta e a Sorbonne, terminada sua faxina, reencontrou seus Puvis de Chavanne, seus mármores imaculados, seus usos do tempo e seus estudantes à cata de pergaminhos.

Os atores dispersaram-se, uns consolados, outros amnésicos, outros ainda desesperados atravessaram, intermitentes, o espetáculo revolucionário. Alguns terroristas, pouquíssimos na França, subiram ao palco: chega de conversa, é hora de a pólvora falar! Em seguida, decorridos um ou dois anos, estes sumiram, achando que haviam se enganado de hora ou de século, livres para rosnarem que o capitalismo, sistema demoníaco, não perdia nada por esperar.

Os "desenraizados", detectados por um General um tanto nostálgico mas clarividente, nunca encontraram suas raízes. Não conseguiram lançar âncoras nem no torrão originário de uma comunidade obsoleta, nem nos espaços flutuantes de um futuro mais incerto do que o haviam previsto seus ancestrais. Maio de 68 é uma aventura desconfortável, que não comporta lição unívoca e não desemboca num destino idêntico para todos. Nem sequer num destino singular que fale com uma voz única em cada um. Quatro décadas a fio, sem se dar conta de fato, a "geração" da época brigou, se dispersou, se fragmentou, se autodestruiu como todas as outras antes dela. Com uma diferença: a experiência sem escapatória de um desenraizamento irrecuperável torna desagradável esculpir o atirador de pedras numa memória granítica. Todos mudam e mudaram várias vezes. Longe de mim, por conseguinte, a pretensão de fazer um balanço coletivo e traçar perfis definitivos deste ou daquele.

Um desenraizado não tem "caráter", ou, mais exatamente, tem vários. Não como em La Bruyère. Não como em Molière, onde o Avaro é avaro e a Preciosa, ridícula. Nem como na *Comédia humana*, onde Goriot, Gaudissart, Rastignac e Sarrasine não conseguem trocar de papel. Em contrapartida, Julien Sorel parece mais no nosso diapasão, oscilando entre o vermelho e o negro, entre a reverência à ação, revolucionária ou bonapartista, e a escalada na alta sociedade, restaurada e clerical. O personagem stendhaliano surge como terceiro no "e" de *O vermelho e o negro*, ambos simultaneamente, logo, nenhum dos dois. Agarrado entre a lembrança fenecida de Outubro de 17 e o ramerrame rotineiro de uma sociedade burguesa, o sessenta-e-oitista, querendo ou não, foi obrigado a vaticinar fora das trilhas já percorridas.

Para balizar os itinerários entrecruzados e seus dédalos, tentarei recuperar não inexistentes "linhas" políticas ou ideológicas, rígidas e inamovíveis, mas, mais pertinentes, estados de espírito, ou mesmo estados d'alma, cujo eterno retorno depois dos "acontecimentos" habita, de maneira flutuante, protagonistas e herdeiros autoproclamados. Em outras palavras, os desenraizados conscientes de seu desenraizamento vivem mais na linha de Stendhal que na de Balzac. O mesmo acontece com os casais de hoje em dia, que se divorciam uma, duas, três vezes e procriam metade fora do casamento. A "flexibilidade da libido" — diz Freud — tornada pública não implica de forma alguma, a despeito de alguns teóricos apressadinhos, o reinado da libertinagem geral e radical. Quem tenta mudar de vida nem por isso se torna mais volúvel e instável, o amor permanece uma idéia fixa para os infiéis do momento. O indivíduo que se estima "nascido em maio" vai renascer obrigatoriamente, à maneira do "*born again*" evangélico norte-americano, sem por isso esquecer a revelação inaugural de seu desenraizamento no horizonte da rua Gay-Lussac.*

*Centro das manifestações de 1968. (*N.T.*)

Assim como o "caráter" balzaquiano morreu no mármore, pois suas escolhas fundamentais parecem anteriores a seu nascimento, o "caráter inteligível" dos indivíduos segundo Platão vê-se sorteado numa existência pré-terrena. O herói stendhaliano antecipa o desenraizado que somos, vive diversos "destinos" sem tornar-se prisioneiro de nenhum deles, perambulando dessa forma por suas convicções, paixões e ideologias — esses "estados de espírito" que assombram a época — e almejando sacrificar o mexerico e o *déjà-vu* por algumas migalhas de autenticidade. Maio de 68 lança uma investigação de si, as três semanas de "insurreição" devem ser pensadas na longa duração por elas entreaberta.

A alegria de largar as amarras

"Fizemos Paris dançar."

Internacional Situacionista
(30 de maio de 1968)

... Uma valsa fez o tempo
Esperar vinte anos
Para que você tivesse vinte anos
E para que você tivesse vinte anos
Uma valsa de mil tempos...
Trezentos e trinta e três vezes o tempo
De construir um romance
E Paris que marca o ritmo
Paris que marca nossa emoção
E Paris que marca o ritmo
Deixa enfim explodir sua alegria.

Jacques Brel

Depois de Maio, retorno ao pré-Maio? Ninguém aprendeu nada? Compreendeu nada? Nada de novo sob o sol do Hexágono? Os sessenta-e-oitistas, esgotados por sua "educação sentimental", iriam, como seus predecessores desencantados de 120 anos atrás, heróis lívidos de Flaubert ou de Maupassant, retornar aos negócios e desilusões de sempre?

O quarenta-e-oitista de outrora parece desistir perante uma realidade cruel, o Segundo Império e sua ordem moral tragam os sonhos adolescentes. Ao contrário, o sessenta-e-oitista, em sua revolta, no caso delirante, mas não sangrenta, espanará e irá sacudir a poeira das idéias, relaxar as normas e abalar os estilos de vida a ponto de direita e esquerda acabarem por se acomodar a isso.

Pílula anticoncepcional, aborto liberado e gratuito, emancipação do segundo sexo — "meu corpo me pertence" —, mistura nas classes e nas cidades universitárias, maioridade aos 18 anos, abolição das censuras, mobilidade social, redução da carga de trabalho, reestruturação educacional, liberação das rádios e televisões, abertura nos antípodas, globalização dos ouvidos, dos cérebros, das notícias e dos capitais.... Essas mutações precedem, sucedem e emolduram a primavera de 68, a qual serve de detonador e acelera um movimento de longa duração, que não poupa nenhum país desenvolvido e transborda pela terra inteira.

Aprisionada em suas camisas-de-força políticas, sociais e morais, seu "império" e suas guerras haviam-na deixado para trás, a França recupera o tempo perdido. Não fosse a modernização das relações homens-mulheres, jovens-idosos, filhos-pais, não haveria como celebrar uma originalidade inaugurada muito antes pelo norte da Europa, os Estados Unidos e a Inglaterra. Elvis Presley, James Dean, Marlon Brando, Marlene Dietrich, Bob Dylan, os Rolling Stones ou os Beatles, as garotas de Oslo que vaiavam os garotos na rua não haviam esperado as barricadas do Quartier Latin. A canção de Jacques Brel data de 1959.

Dos acontecimentos parisienses, todos esperavam mais e melhor que uma simples adaptação à evolução dos costumes ocidentais. Paris continuava Paris. Aos olhos de um europeu, os insurgentes, que ressuscitavam esse núcleo da Revolução de dois séculos antes, tinham valor de exemplo para o melhor, o pior e o ridículo. Quando a capital pára e pega fogo, o problema nunca é municipal. As lições contraditórias extraídas do Maio francês repercutiram em outros cantos. O oráculo talvez houvesse falado pela última vez, ou não tivesse mais assunto. Faltava interpretá-lo. A exegese dos "acontecimentos" irá estender-se por muitos séculos.

Evaporado o gás lacrimogêneo, e definitivamente calada a lembrança de sua lembrança, sociólogos, jornalistas, historiadores e simples mafiosos interrogam-se mais uma vez evocando a rua Gay-Lussac: a Grande Noite fora adiada para mais tarde? Para as calendas gregas? Devia-se continuar de luto para sempre? Substituí-la pelo quê? Ela aconteceria em algum alhures mais exótico? Plutarco relata como Delfos, santuário da Grécia antiga, proclamou sua própria morte: "O grande Pã morreu!", ouviu um marujo, perplexo.

O que anuncia então, numa alegre noite de primavera, Paris, "a cidade-pivô na qual, certo dia, a história deu uma guinada"? (Estamos em 1867, Victor Hugo, ao evocar a tomada da Bastilha, convida a esticar os ouvidos, mais uma vez e sempre, para as emoções e loucuras das margens do Sena: "Jerusalém revela a Verdade... Atenas revela a Beleza... Roma revela a Grandeza... Paris, local da revelação revolucionária, é a Jerusalém humana.") Um terrível século XX mais tarde, a "revolução revolucionária" não deixa de parecer preocupante, e Paris não é mais "Jerusalém". A Grande Noite está morta, morta como o Grande Pã, e Paris, por tê-la abolido sem lágrimas nem coroas, mas antes com escárnio, dá-lhe uma sepultura modesta. Paris, portanto, continua exemplar nesse aspecto.

Os "líderes" de Maio de 68 não haviam nascido ontem. Dez anos de brigas com o Partido Comunista Francês e ásperas polêmicas os iniciaram nos códigos sutis e ostracismos fulminantes dos aprendizes revolucionários. Da ingenuidade de seus ancestrais em 1848, zombavam com Flaubert, uma de suas leituras favoritas. Por uma ingenuidade exponencial, descobriam-se, claro, todos marxistas, mas a austeridade e a falta de humor dos cortadores de cabeças profissionais não eram muito do seu feitio.

Tampouco conseguiam fitar Stalin com o olhar de Lenin. Nem Lenin com os olhos de Marx, esquadrinhando Trotski visto por Marx, examinando Mao colocando óculos em Trotski, ou ainda com os situacionistas, escarafunchando nos preceitos do jovem Marx as invectivas apropriadas para atirar o velho e seus epígonos nas latas de lixo da teoria, ou finalmente com os bolsistas da École Normale Supérieure discriminando os jovens imberbes em prol de barbudos e bigodudos senis... Todos, crianças mimadas e longevas, praticavam um marxismo distanciado com dogmatismos variáveis, o qual rapidamente se decompunha e recompunha.

Em suma, ao chafurdar nos braços mortos da "teoria todo-poderosa porque verdadeira" (Lenin *dixit*), nossos futuros sessenta-e-oitistas haviam sentido, querendo ou não, os perfumes sulfúricos que emanavam da putrefação de um século vermelho-sangue e o tédio francês de uma militância vermelho-tomate.

Em 1964, à revelia do Congresso do PC, convidado a brindar com os responsáveis, "carregado pela massa, Bernard Kouchner vê-se cara a cara com Maurice Thorez, que o aborda sem muita cerimônia:

— Parece que o senhor não foi de mãos vazias ao Congresso.

Thorez sorri:

— 'Quem ama, castiga.'

Mas Kouchner não pretende parar por aí. Para estupefação da corte que se formou em torno do secretário-geral, ele protesta:

— O golpe do bicho-papão, a gente conhece, mas, para resolver os problemas, ele não passa de um mosquito.

Pouco acostumado com essa desenvoltura, o líder do PCF se exalta:

— Mocinho, se eu, na sua idade, tivesse feito um décimo do que você fez, eu não estaria aqui para contar.

— Lamenta não poder mandar nos fuzilar? — replica o estudante de medicina.

Manifestamente contrariado, Thorez afasta-se arrasado. Para ele, essa insolência juvenil é ainda mais insuportável que os motins políticos".[2]

Os militantes que partem rumo à conquista do Quartier Latin não se parecem muito com os apóstolos do "engajamento" que apadrinham a esquerda francesa em 1945. Estes sonhavam com uma mentalidade de aço, sem perguntas nem dúvidas, à imagem do combatente de ferro que a União Soviética projetava para "um futuro radioso". Se eram poetas, cantavam um "Partido dos Fuzilados" que lhes "evocavam as cores da França". Se eram artistas, pintavam pombas sobre a silhueta de Stalin. Se eram intelectuais, lastimavam às vezes não poder subscrever catecismos tão caretas e voltavam contra si mesmos uma consciência culpada, cujas dores eram embaladas pela leitura de Sartre. Os que viviam na base con-

[2]Hervé Hamon e Patrick Rotman, *Génération, les années de rêve*, Seuil, 1987, p. 217.

finavam-se na "contra-sociedade" proletária dos camaradas ou simpatizantes; as greves decididas de cima sucediam os "de porta em porta" das campanhas eleitorais, segundo o calendário das festas do Partido, dos carteados e das passeatas comemorativas.

Os estudantes "engajados" dos anos 60 abalaram o superego maciço que paralisava seus ancestrais. Mesmo quando se filiavam ao PCF ou à União dos Estudantes Comunistas, eles não ignoravam que "seu" partido havia defendido a última grande aventura colonial francesa, permitindo que a guerra da Argélia se perpetuasse, com o risco de delegar a gestão da inútil crueldade a seus amigos socialistas ao despacharem o contingente para o outro lado do Mediterrâneo. Tampouco ignoravam os sonhos de liberdade desfeitos em Budapeste, enquanto os tanques do Pacto de Varsóvia haviam volatilizado os meus (foi quando fui expulso do PCF por ter protestado publicamente com outros estudantes, entre os quais Gabriel Cohn-Bendit, o primogênito). Em 1965, quando por sua vez este foi excluído, em companhia de Bernard Kouchner e alguns outros, o jovem André Sénik interpelou, em pleno congresso dos "Estudantes Comunistas", Roland Leroy, inquisidor-chefe do Partido: "Roland, você é bonito como um tanque soviético nas ruas de Budapeste." Estava dado o "tom" da revolta.

Durante as três semanas da primavera mágica, converso muito com os conhecidos que passam. Nas ruas, encontro Mouna em sua bicicleta, agitando seus guizos, cumprimento o indefectível fanfarrão anarquista, de chapéu de pirata, o mesmo que se dirigirá a mim em abril de 1994 perante o ministério do Interior, quando da entrega da "petição Sarajevo": "Ei, Glucksmann, não esqueça os tútsis de Ruanda!" Maldito papel, pavor, vergonha nossa, tudo por Sarajevo, indiferença por um genocídio em curso. Em 68, atraco-me com pregadores dogmáticos de todos os matizes, os marxistas-leninistas-maoístas, que querem passar "a bandeira da revolução das mãos débeis dos estudantes para a classe operária", os marxistas-leninistas-trotskistas, que tentam enquadrar militarmente a multidão que lhes escapa por entre os dedos. Divina surpresa de uma manhã: admiro, diante da Sorbonne cercada por CRSs, Daniel Cohn-Bendit e sua magnífica insolência, megafone à boca, negando a palavra ao príncipe dos poetas comunistas: "Louis Aragon, você tem sangue em seus cabelos brancos!" Imediatamente, exige do velho mandarim que explique aos estudantes noviços suas patéticas odes a Stalin e suas obscenas elegias em homenagem ao *gulag* — *"Houra l'Oural!"*. Aplaudo o grito "crápulas stalinistas". Andamos incansavelmente ao longo do dia, do Odéon à Place Nationale, da Sorbonne a Renault-Billancourt. Somos agredidos pela CGT. Revidamos. Falamos sem parar. Na véspera, na televisão, os metalúrgicos apreciaram a verve de Dany, inusitado francês ou imigrante. Jean Schalit, um veterano da UEC, com quem esbarro num arremedo de barricada, sugere-me escrever em *Action*, um jornal que ele vai lançar no dia seguinte: "porque você sabe escrever". Todo movimento revolucionário respeitável na França não tem o seu libelo? Este será independente, alheio aos grupelhos dogmáticos, sem partido, mas tomando partido, o da revolta. O jornal da rua é vendido no grito. Cem mil exemplares dão as notícias do dia, de Paris e do mundo, sem concorrência, o Sindicato do Livro pôs seu pessoal em greve. Os comerciantes de boa vontade aproveitam, por sinal, mas, sensatamente, ninguém mata a galinha dos ovos de ouro. À tardinha, na rua Galande, no conselho de redação, transcrevo a máquina a conversa com Bon, Bouguereau, Burnier, Kouchner, entre outros. À noite, na rua du Croissant, grudado nas rotativas de *Combat*, embriago-me com a tinta de impressão ao som das linotipos. De dia, como todos, travo a batalha sem abandonar minha namorada. *Like a rolling stone*.

Os estudantes beneficiam-se do privilégio da visibilidade. Suas controvérsias suscitam ecos, comentários, admiração ou ironia dos mais velhos, exasperação dos ortodoxos, desprezo nos dogmáticos. Entretanto, eles não são os únicos a se interrogar. Mais silenciosos, militantes cristãos camponeses na Bretanha, relojoeiros de Besançon, mineiros comunistas críticos do Norte, metalúrgicos de Billancourt um tanto anarquistas com quem esbarro um pouco mais tarde em Grenoble abandonam as trilhas caducas da militância tradicional. Rebelado contra as direções do PCF e da CGT, um caldeireiro na fábrica ocupada de Neyrpic (1972) enuncia as novas exigências emancipatórias: "Cabe a você (ou seja: a cada um de nós) ter idéias, cabe a você analisá-las, ver se isso é válido ou não... senão é o método russo, senão é Marchais que dirige e você usa antolhos."[3]

Ainda que se pretendessem marxistas, nossos rapazes não levavam a inconsciência a ponto de esquecer que, em nome da doutrina sagrada, aclamada por todos, mutuamente nos excluímos, confinamos, torturamos e massacramos. Impossível encaixar-se com facilidade e convicção num molde único e inconsútil: o bolchevique-modelo, puro e inflexível, permanecia uma tentação bastante difundida, mas verifica-

[3]Xavier Vigna, *L'Insubordination ouvrière dans les années 68*, Presses Universitaires de Rennes, 2007, p. 213. Autentico esse depoimento, que recolhi no calor da hora, o que o autor da obra ignora.

va-se, a cada oportunidade, fora de alcance; a menos que a fé descambasse para a má-fé ou a loucura. Os romances edificantes e a propaganda "realista-socialista" não estavam mais na moda, o novo militante sentia-se mais à vontade em Jules Vallés, esperando dilacerar-se no estilo Dostoievski: lia Evtuchenko e Pasternak, os poetas contestadores vindos do frio. "Em toda revolução", observa Soljenitsin, "repete-se o mesmo erro: temer não o que vai se seguir, mas a restauração."[4] Antes mesmo de ver o dia, o Maio parisiense só pode acontecer fora das normas. Os aprendizes revolucionários conhecem e temem as "conseqüências" desastrosas das "grandes" revoluções russa e francesa.

Formados antes de Maio, os líderes espontâneos e efêmeros abordam o acontecimento que não previram com uma maleabilidade que surpreende os mais velhos. Quando, no fim de uma semana agitada, Dany "le Rouge", sagrado, à revelia, líder supremo pela imprensa, pelos boatos e pela multidão, não sabe mais o que fazer, concede-se uma folga. Cada hora parece decisiva, cada comitê de ação, cada ministério, cada antena da polícia medita e tenta adivinhar o episódio seguinte, a revolução não espera, mas, e essa agora, o "ruivo sublime" não se preocupa com isso, planeja descansar na Alemanha, recobrar-se, reencontrar seus companheiros.

Tamanha frieza, mais disseminada do que se supõe, não é fruto de despreocupação, mas sim da preocupação absoluta em não se perder em pistas convencionais, traçadas antecipadamente por outros. Deliberar consigo mesmo: quando não sei mais, confesso, a mim primeiro, aos outros depois. Por uma incrível farsa da História, o general De Gaulle, presidente

---

[4]Aleksandr Soljenitsin, *Réflexions sur la révolution de février*, Fayard, 2007, p. 70.

da República Francesa, terá o mesmo reflexo. Um ano mais tarde, ao perder seu referendo sobre a regionalização, abandona às pressas o poder, sem que nada o obrigue a isso. Quando alguém não se compreende a si mesmo, inútil fingir para salvar a pele e o dogma, é preciso conceder-se tempo para uma reflexão. O estudante revolucionário instalado numa cafeteria de Frankfurt e o grande chefe de Estado isolado na lande irlandesa são ambos heróis de um "Que sei eu?" que não teria desagradado Montaigne.

Os discursos e textos que se sucedem na loucura dos acontecimentos derivam, no essencial, de uma logorréia anarcomarxista que teve momentos de glória nas últimas décadas do século XIX: "É preciso aceitar a ambivalência de Maio, seu arcaísmo e sua modernidade. Era uma mixagem entre a última revolução do século XIX e um movimento novo, inédito, que expunha os problemas do fim do século XX. Ficamos imediatamente prisioneiros da mitologia. A teoria revolucionária estava caduca, mas não nos dávamos conta disso. Foram necessários anos para isso."[5]

O adeus ao bolchevismo acontece essencialmente nos comportamentos. Nem relação com o outro nem relação consigo curvam-se aos dogmas do revolucionário profissional, que sabe o que deve fazer e o que os outros devem pensar. Os fanfarrões de Maio, ainda que freqüentemente arrogantes, não ostentam saber absoluto, ousando entredilacerar-se à luz do dia, hesitar e mostrar que hesitam. A vulgata leninista objeta: o pequeno-burguês dá um militante ridículo por excelência — que fala sem parar "por um lado, por outro". Deliberar não é da alçada dos cânones do leninismo. Refletir, tampouco. Pois isso é pe-

[5]Daniel Cohn-Bendit, *in* H. Hamon e P. Rotman, *op. cit.*, t. 1, p. 575.

sar o pró e o contra, logo oscilar e, daqui a pouco, trair. Maio de 68, pouco respeitoso ao dogma, ressuscita pulsões menos congeladas e limitadas, embora não menos revolucionárias.

Nos últimos dias da Comuna, Jules Vallès, delegado amotinado de seu bairro, é detido por uma multidão exigente, pressionada porque em pânico: "Matemos os reféns! Abaixo o Panthéon..." Vallès esfria as paixões, reivindica um instante de trégua, decepciona furores e fervores, suplica: "Eu gostaria de ficar a sós por um momento. Mas nem isso consigo." Mais tarde, descobrindo que dois ou três *communards* debandaram, geme em voz alta: "Eles estão fugindo! Já eu, não tenho direito de fugir. Deixem-me, por favor. Preciso pensar sozinho."

Em 1967, quando descobre as tristes declarações de *O insurgente*, Julien Gracq, freqüentemente mais inspirado, zomba: "Uma espécie de náusea atroz invade e acompanha a mixórdia ubuesca e patética das últimas páginas, em que o infeliz delegado da Comuna, sobraçando um cachecol embrulhado num jornal que ele não se atreve mais a mostrar, uma espécie de maluco do bairro, de Carlitos *pétroleur*,* saltitando entre os estilhaços de obus, fuça como um vira-lata de uma barricada a outra, inapto ao que quer que seja, apupado pelos operários que mostram os dentes, distribuindo displicentemente bônus de arenques, bônus de cartuchos e bônus de incêndio, e implorando à multidão agressiva que o comprime e empurra, furiosamente impaciente na armadilha em que ele a enfiou — ridiculamente, lamentavelmente —, 'deixem-me a sós, por favor. Preciso pensar sozinho.'"[6]

***Pétroleur*: apelido dado aos incendiários durante a Comuna de Paris, em 1871. (N.T.)

[6]Julien Gracq, *Lettrines*, José Corti, p. 159.

A estocada selvagem do poeta moderno julga "Carlitos", consciente ou inconscientemente, do ponto de vista do soldadinho de chumbo bolchevique, de forma alguma um *pétroleur* que se empenha em plena balbúrdia em salvar seus companheiros, seu bairro em chamas e tenta "lamentavelmente" recobrar-se. E Julien Gracq conclui sua breve e maldosa filípica amaldiçoando seu colega perplexo: "Em seu exílio de corajoso irresponsável, ele deve ter algumas vezes despertado à noite e continuado a ouvir aquelas vozes não obstante um tanto sérias de pessoas que teriam a pele perfurada dentro de poucos minutos e lhe gritavam furiosamente da barricada: 'Onde estão as ordens? Onde está o plano?'"[7] Um ano mais tarde, em 1968, semelhante culto do chefe onisciente começa a cheirar a naftalina.

Quando, em agosto do mesmo ano, no dia 21, as lagartas dos blindados soviéticos sulcam as artérias de Praga para esmagar sua "primavera", uma caricatura checa circula em Paris: "Lenin, acorde, eles ficaram malucos." Isso é esquecer que o sono eterno do grande chefe precedeu sua mumificação. Nem antes nem depois de sua morte, os banhos de sangue impediram de dormir aquele que criticou as delongas dos revolucionários franceses em 1789-93, 1830, 1848, 1871. O homem do Lena jurou levar sua revolução "até o fim". Que beleza! Os filhos de Maio provocam desordem no universo gelado dos grandes guias inflexíveis. Serão criticados, tanto à esquerda como à direita, pelo lado confuso das incertezas assumidas e dúvidas exibidas. Para o bem de todos e provavelmente de cada um, a primeira vítima de Maio de 68 foi a auréola do responsável infalível, aquele que oprime os subalternos, fala sem per-

[7] *Ibid.*, p. 160.

guntar qual é o assunto e diz-se capaz de apagar o Sol.[8] Os pôsteres das grandes figuras que cruzavam seus olhares, ou não cruzavam, ou ainda davam-se as costas como irmãos Ripolin* de dólmã, no pátio da Sorbonne, ignoravam que as efígies do "culto da personalidade" viviam seu crepúsculo.

Maio de 68 na França é exceção. "Ainda não" leninista, irão proferir diversos grupelhos existentes ou vindouros, fadados a vegetar ou definhar. "Já mais" leninistas, profetizarão os "radicais" mais inovadores em Nanterre, lançados na nebulosa Situacionista. Para todos, contudo, nada está resolvido. Os antileninistas deverão por sua vez enfrentar a tentação totalitária, seja sob a forma das incursões cruéis do terrorismo, seja no modo íntimo do autoritarismo organizacional. A própria aventura da Internacional Situacionista, oficialmente antiautoritária, não passa de uma longa série de exclusões sectárias e cômicas: algumas dezenas de indivíduos macaquearam, com uma seriedade de gelo, os processos, expurgos e faxinas ideológicas do Komintern. O leninismo não é senão a cristalização de um radicalismo revolucionário que o precede e extravasa.

Ao insurgente que quer tudo aqui e agora, nada parece proibido: só conta o fim, pouco importam os meios. Em 1919, na Alemanha derrotada, em pleno caos militar e social, Max Weber rotulara de "ética da convicção" a pulsão de tudo varrer à sua frente, sem consideração por ninguém, em nome

[8]Trotski, *Textos militares*, 11 de setembro de 1918: "Apreciamos a ciência, a cultura e a arte... mas, se nossos inimigos de classe quisessem mostrar que isso só existe para eles e não para o povo, diríamos: 'Morte à ciência e à arte, morte ao teatro!' Amamos, camaradas, o Sol que nos ilumina, mas, se os ricos e nossos agressores quisessem monopolizar o Sol, diríamos: 'Que o Sol se apague, que reine a escuridão e as trevas eternas!'"

*Irmãos Ripolin: coletivo de artistas plásticos parisienses (1984-1988) muito ligado ao *graffiti*. (N.T.)

de um futuro paradisíaco. Ele observava que esse idealismo niilista comportava sua versão atéia — entre outras coisas, bolchevique —, mas também uma música milenarista e religiosa, ilustrada em nossos dias pela Al Qaeda. A lógica ilógica desse angelismo exterminador foi antecipadamente alfinetada por Pascal: "Quem se arvora a anjo transforma-se em bicho." A sabedoria popular resume: "De boas intenções o inferno está cheio."

O Maio parisiense evitou as aventuras homicidas. Mesmo *a posteriori*, quando medido pelo esquadro das revoluções tradicionais e trágicas, a revolta pareceu ter miseravelmente fracassado aos olhos dos pessimistas. No Japão, na Itália e na Alemanha, modelos em miniatura de "Exércitos Vermelhos" tentaram marcar com sangue a seriedade de seu engajamento histórico.

Por sua vez, as mensagens emitidas da França negaram-se a passar pela prova da hemoglobina. Desmancha-prazeres, por um lado, concederam-se, sob as pedras, a praia.* Amantes da ordem, por outro, ficaram satisfeitos com eleições provocadas por uma maioria intangível, que se desarticulou nos meses seguintes. Longe de solucionadas ou enterradas, as questões colocadas em Maio iam dominar o espaço e o tempo — freqüentemente desfiguradas ou fetichizadas, mas sempre presentes, ainda que a título de álibis, durante quarenta anos nos rasgos e fraturas da sociedade francesa.

Uma adição enumera, não pensa. Revolução sexual, cultural, mental, mutação das relações sociais e íntimas, reviravoltas da militância associativa e política, das relações de

*Ver nota de tradução no início do capítulo. A respeito do(s) significado(s) do *slogan*, consultar fóruns de discussão na Internet. (*N.T.*)

vizinhança, inclinação pelas distâncias e delícias do desconhecido. Decerto os efeitos de Maio de 68 participam desses diversos registros, onde cada um esquadrinha as qualidades e os defeitos que elege ao acaso.

Convenhamos que estamos distantes de uma revolução política e social no sentido clássico do termo: o país não saltou subitamente de um "antigo" para um "novo" regime. Convenhamos, além disso, que a hipótese de uma brusca mutação dos costumes é imprecisa e superestimada, permitindo arbitrariamente celebrar ou atacar ora as novas solidariedades, ora o egoísmo individualista, aqui os engajamentos da sociedade civil, acolá o autismo de cidadãos enclausurados em sua concha privada etc.

Após haver explorado algumas perspectivas unilaterais e parciais, proponho definir retrospectivamente Maio de 68 como presságio de uma *revolução filosófica*. Os jovens que em 68, freqüentemente à sua revelia, bastante desajeitados, rompiam com os dogmas do século XX, estão hoje no fim de sua vida, mas não de suas provações, e legam uma ferida aberta a seus herdeiros "desenraizados".

Em que é "filosófica" a mencionada revolução? Filosófica, na medida em que faz uma tentativa, meio consciente, meio inconsciente, de assumir um "desenraizamento" cuja mola Charles de Gaulle aciona na França ainda governada por ele. Passar de uma civilização camponesa milenar para a "surda inquietude" dos filhos do século é uma tarefa colossal. Tudo vacila, e não terminou de vacilar: tradições, usos e costumes, referências, certezas.

Uma crise dos fundamentos tão perturbadora não é inédita. Sócrates (em Platão) ilustra uma similar ao subverter a Atenas de sua época. O sábio presumido aparece na ágora rodeado por jovens irreverentes de língua afiada. Aos adolescentes repugnam as opiniões convencionais de seus pais, eles vão interrogando, interrompendo, ganhando força ao constatar o quanto as verdades de antes não colam mais na realidade sem precedente de uma Atenas que se globaliza celeremente, inventando a democracia, a economia monetária, um teatro inigualável e a primeira civilização científica. Para fazer eco à inquietude geral, sem se arrogar dono da verdade, Sócrates vê-se rotulado de filósofo (aquele que busca a verdade, e não, absolutamente, sábio autoproclamado), depois, na confusão, condenado à morte por "corrupção da juventude". Essa cena primitiva repete-se com regularidade sempre que uma comunidade enraizada constata que seus cercados mentais e sociais são saqueados pela intrusão de uma nova maneira de viver e produzir prenhe de escândalos e transgressões.

Ainda assim, há uma diferença. A crise filosófica moderna não gravita em torno de um novo Sócrates que viria orquestrar o conjunto das questões e ponderar a legitimidade das respostas. Esse homem-referência faz falta, embora não faltem inteligências a postular esse papel. A tarefa de interrogar e responder interiorizou-se. Cabe a cada um assumir seu próprio Sócrates.

Ao leninista, o sessenta-e-oitista logo vem opor sua pálida hesitação. O filho do século não apenas é desenraizado de um ruralismo milenar, logo torna-se órgão da cultura revolucionária proletária que santificou as experiências utópicas do século XX.

Até 1968, "enraizamento" (de direita) e "engajamento" (de esquerda) correspondiam-se como as duas faces de uma idêntica tentativa de suturar a surda angústia dos filhos do século. Terminou. Difícil agora fugir para trás ou para a frente, para um passado imaculado e "reaça" ou para um progresso sem medo e sem censura. A filosofia não convida nem a Citera nem ao Club Méd, confronta os desenraizados com a evidência de seu desenraizamento.

As desordens de Maio de 68 e as confusões que se sucederam são partes integrantes da experiência filosófica coletiva. Sob uma condição, entretanto: não se deixar empolgar por uma concepção excessivamente benigna e edificante da filosofia. A filosofia não é, e não tem que ser, o catecismo laico das boas condutas. A filosofia não tem que xingar o rosário das regras do *savoir-vivre* nem se livrar das receitas supremas do prazer privado e da felicidade pública. Muito pelo contrário, a filosofia é inquietante. A filosofia é inquietude. Segundo Kant, é um "campo de batalha" (*Kampfplatz*). A filosofia, nas palavras de Platão, mobiliza o pensamento em "batalhas de gigantes".

Afirmar que Maio de 68 inaugura uma "revolução filosofica", longe de serenar os espíritos e reduzir a insurreição impulsiva a um fogo de palha, significa assumir em seu foro íntimo a coragem da barricada e a audácia das fraturas necessárias. Reciprocamente, uma vez que somos nosso próprio campo de batalha, significa descobrir, em nós mesmos, a pulsão infeliz de desistir e de fechar os olhos sem coragem.

Depois de 68, o marasmo pós-moderno

"Por que temos de ficar doentes para termos acesso a essa verdade?"

Sigmund Freud, *Luto e melancolia*

Se batalha filosófica há, o que está em jogo?

Marxismo, claro, de que Maio de 68 está impregnado. Idéia de Revolução, despertada pela barricada estudantil e pela greve operária recorde. Revolução perdida? Revolução evacuada para sempre num fim de semana de Pentecostes, durante o qual, com a volta da gasolina aos postos, a Grande Noite enforca o trabalho e se asfixia nos engarrafamentos?

À inicial popularidade do movimento estudantil, atestada por diversas pesquisas realizadas com a população parisiense, sucede, após três semanas, um relativo desamor. No fim de Maio, as infinitas palavras de ordem da Sorbonne e do Odéon cansam; a greve operária é dominada, sobretudo nas províncias, por um sindicato majoritário — a CGT —, cujos métodos comunizantes nada democráticos o cândido povo conhece há décadas. A volta da gasolina aos postos, o discurso firme de um De Gaulle subitamente despertado e o anúncio de eleições legislativas próximas escalonam a retomada de um cotidiano rotineiro. Os heróis de ontem estão órfãos e não esquentam a cabeça: a bomba de gasolina, responsável pelo fim do jogo, torna-se o símbolo dos símbolos, a chave de todos os ultrajes. A horrorosa "sociedade de consumo" celebra sua ditadura, resumem os "insurgentes" às voltas com a ressaca.

Terminada a primavera, os debates começam por repetir os precedentes, girando em círculo. Dogmatismo de igrejinhas para uns, que agüentam firme. Derrotismo sociologizante para outros, que tatciam. Marcuse, sociólogo alemão, nessas horas quentes no auge da moda por teses datadas de dez anos antes, explicara doutamente, Marx nas mãos, que a revolução, marxista ou não, estava fora de questão. Qualquer revolução, professava, é totalmente impossível: reina agora apenas "o homem unidimensional" que se consome consumindo. Eis o que inspira diversos imitadores ou plagiadores inconfessos. Curiosamente, Marcuse faz uma conferência em Paris, na Unesco, durante o "belo mês", alheio a todos os acontecimentos, ignorado por todos. Isso não impede que, tardiamente traduzido, estivesse inaugurando, à sua revelia, uma vulgata pós-acontecimento, em que a nascente escola "pós-moderna" vai haurir suas novas certezas.

Até então a inteligência de esquerda prevalecia, saudando o marxismo — na França mais que em outros lugares — como o "horizonte insuperável do nosso tempo". Assim falava Sartre. Para os pós-modernos, ainda que reivindiquem isso mais discretamente, o marxismo persistirá o "horizonte insuperável", não mais horizonte de todas as vitórias presentes e futuras, mas, ao contrário, horizonte de todas as derrotas e chave de sua provável "insuperabilidade". A mudança de tom parece, digo efetivamente "parece", radical.

A exceção progressista francesa apoiava-se até 68 no discurso vencedor, pelo qual a predominância gêmea dos gaullistas e comunistas velara, a partir de 1945, as torpezas da derrota nos anos 40 e a colaboração com o ocupante. Bir-Hakeim e Stalingrado ocultavam Vichy e o pacto germano-soviético. Tomando suas distâncias, a geração posterior não acredita assim tão facilmente que a França, unida e em bloco, tenha vencido a guerra, enquanto Paris libertava-se "por si só". Um estudante de 20 anos não tem razão alguma para esquecer o desembarque na Normandia; é livre para não ocultar a aliança entre Hitler e Stalin que deflagrou a não tão remota Segunda Guerra Mundial; indaga-se sobre as cumplicidades e o silêncio que encobriram o genocídio dos judeus da Europa. Em 1967, um livro relatando a *Blitz* de Vel' d'hiv' era um *best-seller*.[9]

Depois de Maio, o luto das esperanças mais loucas suscitadas pela insurreição estudantil é uma oportunidade para o retorno dos sentimentos e da ideologia. Enquanto os "Trinta Gloriosos"* agonizam, o desemprego reaparece, a alta brutal dos preços da energia provoca uma primeira crise em 1973 e os sábios da Europa Ocidental alardeiam a possibilidade de um "crescimento zero". Evocando seus colegas "pós-modernos", Jean-François Lyotard e Gilles Deleuze, Jacques Derrida insiste na unidade "do que chamamos por esse nome terrível e um pouco falso de 'geração'". Não apenas "temos os mesmos inimigos", como, além disso, "reina um *acordo* sobre o conteúdo filosófico", assinala, em homenagem a Gilles Deleuze.

Opondo-se aos "engajados" existencialistas do pós-45, os doutores "pós-modernos" procedem a uma ruptura, menos decisiva que aparente. Claro, o otimismo progressista fadado a "não perder as esperanças em Billancourt" é relegado ao esquecimen-

[9]Claude Lévy e Paul Tillard, *La Grande Rafle du Vel'd'hiv', 16 juillet 1942*, Robert Laffont, col. Ce Jour-là, 1967.

*"Trinta Gloriosos" [Trente Glorieuses]: os trinta anos que se seguiram à Segunda Guerra Mundial, período de grande desenvolvimento econômico na França. (*N.T.*)

to, ao passo que as fábricas Renault entregam Boulogne, a ilha Seguine e a Place Nationale à especulação imobiliária. Em contrapartida, é *mezza voce* que o marxismo vai permanecer "pós-modernistamente" insuperável. Ele não morreu, simplesmente mudou. Não é mais um guia para a ação, mas um guia para a inação. Não estimula mais a construir, mas a "desconstruir". Não introduz mais aos amanhãs que cantam e não inaugura mais o paraíso do proletário. Pinta com tons escuros os irremediáveis infernos e o inexorável marasmo do tempo presente.

Do marxismo, a safra 1945 dos intelectuais de esquerda adotara todas as lições, bem como sua crítica supostamente definitiva do "capitalismo", além de sua pregação eufórica de um reino da liberdade e da evocação dos dias mágicos em que o comunismo triunfante aboliria a exploração do homem pelo homem. O marxismo pós-moderno abandona, ora bombasticamente (Lyotard), ora sorrateiramente (Derrida), ora sem parecer fazê-lo (Deleuze e Guattari), a evocação do paraíso socialista. Resta o inimigo: um "sistema" execrado, que supostamente vampiriza o planeta e governa cinicamente tanto os comportamentos como os cérebros dos contemporâneos. A "pós-modernidade" é o fim da história segundo Hegel, a dominação do Capital segundo Marx e a abordagem universal da técnica segundo Heidegger, dificuldade de que "só um deus poderá nos salvar".[10]

Enquanto o providencialismo progressista do pós-guerra embriagava-se de esperança, o pós-modernismo pós-Maio satisfaz-se em acumular as participações. Abolição da história. Morte da arte. Destruição da metafísica. Definhamento da literatura. Enterro da grande política e depreciação da

[10]"Só um deus poderá nos salvar" (entrevista ao *Der Spiegel*), *Tempo Brasileiro*, nº 25, Rio de Janeiro, 1971.

pequena. Acima de tudo, parece de bom-tom afirmar-se anti-humanista, antiliberal, antieuropeu, antiocidental, antiamericano, uma vez que é sabido e incontestável que, desde Atenas, dois mil e quinhentos anos de civilização não produziram senão a guerra, a devastação imperialista, os sem-teto e os imigrantes clandestinos.

Enquanto Jacques Derrida condena o "eurocentrismo", pai de todos os vícios, Jean-François Lyotard celebra ironicamente o reinado da mercadoria, coveiro de todas as virtudes e provedor universal de prostituição. Amputado de sua boa-nova, Marx, pescoço degolado, preside mais uma vez as devotas meditações da esquerda oficial. Viva "o pensador do terceiro milênio" (só isso!), sugere a capa do *Nouvel Observateur*, número especial. E cabe a Jacques rememorar, com unção e emoção, o culto dedicado por Gilles e Félix ao augusto barbudo.[11]

Gosto não se discute. A leitura atenta de Marx é igual a qualquer outro passatempo. Sua releitura só poderia ser enriquecedora, visto a profusão de suas análises. E sua re-releitura não é desprovida de interesse, considerando as complexidades, retratações, repetições e confusões, de que o sujeito, como toda grande inteligência, não é avaro. O único problema é a maneira mistificadora com que é utilizada. Esquecida a admiração absolutamente sincera que o velho herético dedicava às proezas da burguesia e aos benefícios da globalização. Permanecem apenas as vituperações, por sua vez não desprovidas de exagero, mas recolhidas religiosamente

[11]"Félix Guattari e eu continuamos marxistas, de duas maneiras diferentes talvez, mas continuamos. É que não acreditamos numa filosofia política que não seja centrada numa análise do capitalismo e seus desdobramentos. O que mais nos interessa em Marx é a análise do capitalismo como sistema imanente que não cessa de estender seus próprios limites." Deleuze em 1990, citado favoravelmente por Derrida em *Chaque fois unique la fin du monde*, Galilée, 2003.

pelo maniqueísmo pós-moderno. Emprego a palavra "maniqueísmo" com conhecimento de causa.

O maniqueísmo foi uma doutrina criada por Manes — profeta autoproclamado na Pérsia —, a qual se espalhou como um rastilho de pólvora da Mauritânia até os confins da China nos primeiros séculos da era cristã. Professava que o Bom Deus fora derrubado por um Mau Demiurgo, ao qual devemos o mundo cruel que nos cerca, terra de perdição, abismo de desesperados, a não ser que se faça parte dos raríssimos eleitos selecionados pela nova fé.

Assim, Marx, travestido e pós-moderno na aurora do século XXI, torna-se o ícone dos detratores do Grande Satã capitalista, imperialista americano e ocidental. Exagero? Escutem então o que proferia um aplicado discípulo da pós-modernidade, que seis anos depois tornou-se conselheiro em diplomacia internacional de um presidente Mitterrand recém-eleito:

> *Qual é a sua reação ao ouvir a palavra Europa?*
>
> Jacques Attali: Nenhuma. Ou, mais exatamente, uma reação bastante negativa. É uma coisa que para mim nunca existiu, exceto na ambição totalitária de alguns ditadores: Napoleão, Hitler, Carlos Magno, Carlos V...
>
> *Nao tem a sensação de viver cercado por uma cultura européia?*
>
> J.A.: Eu, pessoalmente, em absoluto. Em momento algum... Quando se fala de cultura européia, isso significa o quê? Os massacres que os europeus fizeram em nome dessa cultura... A Europa é uma invenção do colonialismo europeu, no sentido mais arcaico da palavra, que data de Carlos Magno.[12]

[12]Jacques Attali, entrevista em *Cahiers Trimestriels Cadmos* (Instituto Universitário de Estudos Europeus de Genebra e Centro Europeu da Cultura), nº 14, verão de 1981.

Tenho certa dificuldade em citar Jacques Attali, que se recupera muito mais rapidamente que muitos outros. Melhor que ninguém, ele atesta um ódio de si alimentado pelos pós-modernos e seus epígonos políticos. Entretanto, o maniqueísmo de novo estilo não demorou a transbordar dos meios intelectualmente abastados para contaminar os militantes de base e os diplomatas de carreira. O ódio de si, antiburguês e antieuro-americano, não é a coisa mais bem partilhada pelos pequenos e grandes burgueses, europeus e americanos?

A execração pós-moderna da realidade circundante remonta à Segunda Guerra Mundial. Se a inteligência francesa de 1945 apropriou-se de uma vitória que lhe devia pouco, o pensamento alemão foi confrontado diretamente com o insuportável. Cinqüenta milhões de mortos, Auschwitz, Hitler, que a universidade alemã, a mais erudita da Europa, havia enaltecido publicamente. Do outro lado do Reno, todos os intelectuais tropeçavam na derrota literal, sem transfiguração possível. Com mais freqüência, recuavam face às suas responsabilidades. Incapazes de pensar a derrota como *sua* derrota, fizeram-se de sonsos. O fiasco era culpa dos outros.

Dois procedimentos genealógicos, um pela direita, o outro pela esquerda, desembocaram em apostas inquestionavelmente paralelas: os horrores do dia derivam de um pecado original de nossa civilização. É culpa de Ulisses, padroeiro da astúcia pequeno-burguesa, argumenta, à esquerda, a Escola de Frankfurt, Adorno e Horkheimer. Isso começa com o círculo de Platão, assim que Atenas abandona seus fabulosos pré-socráticos, sugere, pela direita, Heidegger. Duas explicações, um resultado idêntico: a anistia do contemporâneo, ora guiado pela racionalidade capitalista, ora induzido pela essência da técnica.

Em ambos os casos, a coisa vem de longe e opera à nossa revelia. É a vez da dogmática pós-moderna: o mundo à nossa volta está fadado ao pior, mas estamos de mãos atadas. Daí o sucesso e a difusão internacional do pós-modernismo, nele a Alemanha descobre seus filhos e os Estados Unidos universitários uma boa razão para reintegrar as salas de aulas fechando portas e janelas. Que os sessenta-e-oitistas voltem a seus diletos e acadêmicos estudos!

Intempestiva, a polêmica dita da "nova filosofia"[13] na França vem embaralhar o céu sereno das irresponsabilidades. Ela mostrou, à luz do dia, os míseros mistérios do pensamento pós-moderno. Quando explode, em 1974, a bomba Soljenitsin, o honesto leitor de *O arquipélago Gulag* fica cativado, inflamado, transido pelo que Michel Foucault — exceção entre seus pares — chama de "a grande cólera dos fatos". O cenário foi bem diferente nos cenáculos intelectuais e políticos.

Quando, em 1974, declarei no *Nouvel Observateur*: "O marxismo ensurdece", apostrofando a colusão entre o universo concentracionário, a teoria marxista e a esquerda, o raio universitário foi desferido. Os "*nouveaux philosophes*", que privavam os professores de sua caixa de ferramentas favorita, foram denunciados furiosamente como abomináveis "pensadores midiáticos", "chorões", "renegados", "traidores" (já), até mesmo como reles agentes da CIA ou míseros cabos eleitorais trabalhando para o triunfo da direita em não sei mais qual eleição regional ou cantonal. Que zangão picou briosas inteligên-

---

[13]Em 1975 é publicado *La Cuisinière et le Mangeur d'hommes, essai sur l'état, le marxisme et les camps de concentration* (A. Glucksmann, Seuil); em 1977, simultaneamente: *La Barbarie à visage humain* (B.-H. Lévy, Grasset) e *Les Maîtres Penseurs* (A. Glucksmann, Grasset), apadrinhados por Maurice Clavel: *Nous l'avons tué ou Ce Juif de Socrate*, Seuil, 1977.

cias, que conheciam tanto quanto nós a abominável realidade soviética? Escondam esse lado que eu seria incapaz de encarar, ele vai conspurcar minhas sagradas escrituras!

Ao execrar um "trabalho de porco", que manipulava "conceitos grandiosos como dentes cariados", Gilles Deleuze não visava o estilo, mas o fundo. Não tergiversava, eis o seu mérito.[14] Excomungou aqueles que ostentavam sua dor do *gulag* e questionavam a teoria "insuperável": "Eles vivem de cadáveres." "Eles" quem? Os diletantes do extermínio? Não! Os que os denunciam. Quando o cientista aponta a Lua, o imbecil olha para o dedo. Por que opor, com tanto ressentimento, o abominável peso "macro" dos fatos brutais à delicadeza "micro" das interpretações pós-modernas? O gracioso passe de mágica dos "microrrevolucionários" permite evacuar infernos demasiadamente amplos para se curvarem às sutilezas da esquizo-análise.

Outro exemplo da mesma farinha. Mais recente: quando o Muro de Berlim vem abaixo e a população vinda do frio enfia-se por baixo do Portão de Brandemburgo para festejar sua nova liberdade, Jean-François Lyotard preocupa-se com as seqüelas intelectuais do acontecimento. Não se iria, na confusão, desaprender Hegel (subentendido: como os "porcos" haviam atacado Marx) e dessa forma ficar sem munição para pensar filosoficamente a emancipação? Com o título "A ruína do marxismo pode atingir Hegel", o autor esclarece: "Estamos num mundo sem alternativa, o que explica muito amplamente uma certa melancolia, já que não vemos mais um horizonte de luta pela emancipação..."[15]

---

[14]Seu texto, distribuído gratuitamente sob a forma de panfleto nas livrarias chiques e de Saint-Germain-de-Prés, alinha-se ao lado de diversas excomunhões não menos veementes *in* S. Bouscasse e D. Bourgeois, *Faut-il brûler les nouveaux philosophes?*, Nouvelles Éditions Oswald, 1978.

[15]*Le Figaro*, 30 de setembro de 1991.

Admirável reviravolta! Perante o cataclismo mais fantástico da história desde 1945 — o estilhaçamento do império soviético —, o que teme o pensador pós-moderno? Teme que a emancipação da Europa subjugada, "fato" concreto e gritante, impeça o pensador de pensar. De pensar o quê? A emancipação. Que confissão! Quando a realidade em movimento surpreender seus conceitos, opte pelo conceito, despreze a realidade! A negação permanece idêntica tanto perante o "fato" aterrador do universo concentracionário comunista quanto perante o "fato" empolgante da reunificação democrática da Europa. O que o pós-moderno não concebe, não existe.

Grande admirador de Deleuze e amigo de Lyotard em fim de percurso, Alain Badiou, mais radical que os dois juntos, acrescenta: longe de ser uma emancipação, a libertação do Leste europeu revela-se um "desastre obscuro": "Penso em Robespierre, no 9 Termidor: 'A República está perdida! Os salteadores triunfam.' É bem verdade que não cessaram de prevalecer desde então, mas nunca tanto como hoje, numa arrogância que confirma largamente a derrota."

Alguns anos mais tarde, justificando o marasmo que paralisa a esquerda francesa quando Nicolas Sarkozy é eleito presidente, Badiou articula, menos discretamente que outros, o alfa e o ômega da política dos pensadores pós-modernos e a chave de sua inação: "Sem o horizonte do comunismo, sem essa Idéia, nada no devir histórico e político é de natureza a interessar o filósofo."[16]

Que as coisas fiquem claras: não escapei de forma alguma à atmosfera maníaco-depressiva, que se seguiu ao que

[16]Alain Badiou, *D'un desastre obscur*, L'Aube, 1991, p. 29, e *De quoi Sarkozy est-il le nom?*, Lignes, 2007, p. 153.

considerávamos o fracasso de Maio. Minha participação, por mais breve que tenha sido, na nebulosa maoísta à francesa, me deixa encabulado. Nada a ver com a primavera de 68, que eu saboreava com independência de espírito.

Arrebatado pelo desejo imbecil de prolongar os prazeres de uma insurreição espontânea, celebrada por Malraux, montei uma armadilha para mim mesmo ao assumir o oximoro de "anarcomaoísta", bodas surreais da liberdade absoluta com a autoridade absoluta. Não sem zombaria: "mao-spontex", diziam. "Spontex" para "espontâneo", espécie de saudosismo. "Spontex" para absorver o dogma? Vocês disseram "revolução cultural"? Satanicamente, pela "beleza" do conceito, de olhos fechados para a feiúra dos "fatos", eu aceitava pactuar com o assassinato de milhões de homens nos antípodas.

De nada adianta correr para as desculpas fáceis: era longe, eu não sabia, fui enganado, a atmosfera da época contribuía para isso. Com efeito, a atmosfera da época regozijava-se com isso: tanto à direita como à esquerda, a França oficial nobilitara Mao. André Malraux, número dois de De Gaulle, era amigo de trinta anos de Chu-en-lai, por sua vez número dois de um "Timoneiro" sobre o qual choviam elogios e apólogos. As plumas ilustres, Mitterrand, Simone de Beauvoir, Alain Peyrefitte, não se calavam. Quando, pouco depois, eu publicar meus livros de rompimento com o comunismo, irão rotular-me de "ex-mao" e muito freqüentemente será o "ex" que será atacado (e assim permanece nos dias de hoje).

A burrice dos outros não é desculpa. Não pensar "estão me enganando", mas "estou enganado". Soljenitsin e Montaigne são os mestres do retorno a si mesmo, que exige o questionamento mental e moral de todo o seu ser: uma conversão filosófica. Barrès apontava no arrivismo dos jovens resistentes franceses uma "napoleonite" que se alastrava de geração a geração. O dogma marxista combina às mil maravilhas com a paixão de governar seu próximo à revelia deste, "pelo seu bem". Daí o preconceito favorável, ainda alimentado por não poucas autoridades a respeito dos piores ditadores. O mentor de homens vê-se freqüentemente cúmplice do comedor de homens.

Para que se iludir? A teoria e prática do Partido Comunista Chinês exacerbava o dogma leninista. A subjugação do indivíduo pela coerção externa, a polícia e o *gulag*, era reforçada por uma técnica da coerção "psi" que produzia a escravidão interior, que Montaigne e La Boétie denominam "servidão voluntária". A "Revolução Cultural" chinesa, invenção das mais perversas, proclama: "É preciso ousar revoltar-se", "Fogo no quartel-general!". A manipulação baseia-se na "injunção contraditória". Essa tentativa de enlouquecer o outro foi analisada pela escola de Palo Alto: quando um pai exige de seu filho "Revolte-se contra mim!", trata-se de uma armadilha. Que fazer? Pânico! Se o pirralho se revolta, obedece ao pai. Se não se revolta, é fadado ao desprezo por si mesmo e pelo pai. O radicalismo maoísta leva ao suicídio intelectual. Para escapar, é preciso ludibriar o ludibriador, pai ilusório ou líder absoluto, e remetê-lo a seu delírio de comandar tudo. À estratégia da lavagem cerebral, convém opor o socrático mergulho em si mesmo.

Mao Tsé-tung marca a passagem do "marxismo-leninismo" para o "marxismo-niilismo". O primeiro cultiva um dogmatismo cientificista e o *knut*.* O segundo — de que o

***Knut*: chicote com que eram vergastados os criminosos políticos na Rússia imperial. (*N.T.*)

maoísmo foi apenas um primeiro esboço — obedece a uma lógica mais sutil, mais flexível, mais lábil e infinitamente mais cínica. Os "maoístas" franceses às vezes extraíram de suas atitudes uma repulsa pelos apocalipses "salvadores" e pelo terrorismo em política. Daí o pequeno número daqueles que, no tumulto dos anos 70, descambaram para o assassinato, ainda que estimulado.

Essas aventuras foram às vezes drásticas. Por exemplo, vimos "juízes populares", isto é, pobres aprendizes de ideólogos persuadidos de encarnar a "vanguarda do proletariado", condenarem à morte um jovem guineense, Moussa Fofana, por "alta traição" (1971). Traidor de quem? Traidor de quê? Esse filho de embaixador supostamente delator que "trabalhava para os tiras!" fora considerado culpado de supostas "provocações" em lares de imigrantes. *Last but not least*, esse triste personagem aninhava-se, contrariando seus chefes, nos braços de uma moça (branca de pele) moradora da Île Saint-Louis (prova insofismável da podridão burguesa). A sirigaita enviava-lhe cartas inflamadas, que a "direção" por felicidade interceptava: "meu belo negro", escrevia ela. Na margem, um promotor "proletário" furioso rabiscara: "Racista!" Em 1971, as liberdades de Maio de 68 não eram bem acolhidas pelos marxistas-leninistas renitentes; com todo o recato hipócrita, não se entusiasmavam (oficialmente) com uma trepada. A condenação à morte desse menino anunciada com a ênfase revolucionária de rigor batizaria o novo "Partido do Proletariado", que Benny Lévy e seu estafe tinham em vista.

Nossos rapazes haviam lido Dostoievski antes desse golpe de mestre? Tomavam-se por Stavroguin e seus coleguinhas? O assassinato planejado e pomposamente anunciado de Fofana correspondia literalmente à execução de Chátov —

fundar uma organização de ferro a partir de um crime ignóbil cometido em conjunto. Advertido um pouco por acaso desse desígnio diabólico, fiquei louco de raiva e ameacei simplesmente entregá-los "aos tiras". Na companhia de outros dois amigos enojados, fui avisar Jean-Paul Sartre. Sua intervenção irrecorrível e a nossa juntas teriam contribuído para deter a engrenagem de uma "ação exemplar"? Será que eles pensavam em passar ao ato ou permanecer no simulacro? Fofana foi libertado. Os seqüestradores de um chefe de pessoal da Renault também acabaram por libertá-lo, contrariando a praxe de seus homólogos italianos ou alemães. Havia nesses letrados, saídos das *khâgnes** e das grandes escolas, uma inclinação pela caneta maior que pelo Kalachnicov ou o P38? Era o estupor diante do atentado de Munique, no qual morreram, em 1972, onze atletas israelenses?

Prestes a sucumbir à vertigem do assassinato, os grupelhos maoístas na França recuaram diante do abismo e se evaporaram. A influência de Soljenitsin revelou-se determinante. Os contestadores franceses levaram em grande conta a experiência soviética, pois uma pergunta os atormentava: até onde arriscar a violência revolucionária?[17] Instruídos pela tragédia marxista, compreenderam que ela não levava, no fim das

Khâgne: última série do liceu francês, que prepara os alunos para as escolas superiores. (*N.T.*)

[17]Na França, ler: François Furet, Antoine Liniers, Philippe Raynaud, *Terrorisme et démocratie*, Fayard, 1975; Olivier Rolin, *Tigre en papier*, Seuil, 2003; por fim, Jean Rolin, *L'Organisation*, Gallimard, 1996. Sobre a Alemanha, *La Mort mercenaire*, corajoso depoimento de Hans Joachim Klein, apresentado por D. Cohn-Bendit, Seuil, 1980, ele descreve sem rodeios a aventura terrorista dos anos 70, seu amor pelas armas: "O Kalachnicov, sobretudo, me deixou completamente empolgado. Lembro-me de ter feito longos discursos a respeito dele. Cantei-o como a mais proletária de todas as armas..." (p. 247). Em seguida, os perigos a que se expõe aquele que deseja romper, por sua conta e risco, essa espiral infernal.

contas, senão ao suplício, ao *gulag*, ao Laogai, à loucura dos *khmers* vermelhos (a lista é infinita) ou ao hospício psiquiátrico. Bruscamente, um retorno a si mesmo permite a vitória do princípio de realidade sobre as tentações eternas do niilismo ideológico. A obra mais importante sobre essa vertente bastante contemporânea foi escrita no século XIX e intitula-se *Os demônios*.

A doença da verdade

"A verdade é a própria fantasia."

Jacques Derrida, *Glas*

"O real para nós sendo o que é, quer dizer, uma ilusão referencial."

Jean Baudrillard, *Power Inferno*[18]

Você disse "cólera dos fatos"? Que ignaro! Espere para ser iniciado no princípio supremo dos pós-modernos: "Não existem fatos, apenas interpretações." O axioma é deleuzianamente inspirado em Nietzsche. Ou melhor: roubado de Nietzsche. Pois o filósofo alemão descobriu inúmeros "fatos" em sua vida e não se escondeu deles. Por exemplo, "a morte de Deus" ("esse ato excessivamente grandioso demais para nós"). Por exemplo, a assunção do niilismo (cujo surgimento ele acompanhou passo a passo, fato após fato, nos depoimentos vindos da Rússia).

Para azar dos pensadores "pós", a filosofia ausculta, desvela, descasca, desmistifica "fatos". E inclusive fatos "enormes": a exploração e a revolução para Marx, o céu acima da cabeça e a lei

[18]Daí a brilhante conclusão do autor: "A Guerra do Golfo (Iraque) não acontecerá, não acontece e não aconteceu", na obra com esse título publicada pela Galilée, 1993.

moral no coração, esse *Faktum des Vernunft* ("fato da razão") para Kant, a guerra e a violência para Hegel, para Montaigne, para Voltaire... Esses fatos não são propriedade privada do olhar pensativo que os estuda. Cada um desses fatos, patente ou não, esbarrou em alguma coisa muito antes que uma meditação os tomasse como tema. Esses fatos, por mais desagradáveis e inquietantes que pareçam, merecem ser filosoficamente elucidados "sem prevenção nem precipitação" (Descartes).

A questão da violência, de sua arbitrariedade e sua relação polêmica com a razão humana, apadrinha a certidão de nascimento da "filosofia", definida originariamente pelos pensadores gregos como "conhecimento de si". Longe de mergulhar na contemplação egoísta ou narcísica da identidade de cada um, tal conhecimento implica o cara a cara com uma potencialidade radical de abalo e aniquilação.

Ao evocar Tífon, o último Titã a pretender destronar os deuses olímpicos, Sócrates não se interessa nem pela beleza literária nem pela significação meteorológica ou física do mito. Escrutando a imagem da criatura caótica, interroga-a como a um espelho: "Seria eu um animal ainda mais estranhamente diverso e fumegante de orgulho que Tífon? Seria eu um animal mais pacífico e menos complicado cuja natureza participa de não sei qual destino divino e que não se deixa incensar pelo orgulho?"[19] Uma violência, radical, proteiforme e bárbara, desvela para um pensamento do Ocidente dedicado ao conhecimento de si, a medida da inumanidade e da humanidade do homem.

Contos e lendas ficaram para trás. É a história, sua própria história, que interroga o homem contemporâneo para detectar

[19]Platão, *Fedro*, 230a.

os vestígios dos tífons políticos e sociais em condições de abalar céus e terra. Desde sua origem grega, a filosofia nascente alardeia-se "meditação acerca da morte". Não unicamente a morte individual. Antes a morte coletiva. A morte da pólis, às voltas com a crise permanente dos fundamentos (a super na moda "crise dos valores" não é novidade alguma). A morte possível de uma humanidade em *sursis*, assombrada pelo Tífon que ela carrega em si. Em contrapartida, rejeitando essas considerações que ela despreza porque marcadas por um "tom apocalíptico" (Derrida), o pensamento "pós" nunca se situa perante a morte, mas *depois*. Para ela, o fim da partida está apitado, a civilização ocidental repicou seu próprio dobre — culpa de Ulisses, culpa de Platão desde o instante em que nasceu.

Para Heidegger, Auschwitz não merece menção especial: "A agricultura é agora uma indústria alimentícia motorizada, quanto à sua essência a mesma coisa que a fabricação dos cadáveres nas câmaras de gás e nos campos de extermínio, a mesma coisa que os embargos e a conseqüente escassez de alguns países, a mesma coisa que a fabricação das bombas de hidrogênio."[20]

Para Deleuze e Cia., o *gulag* não se presta mais a uma reflexão sobre si. Medida provisória, abaixo os "*nouveaux philosophes*"! (Os quais, tendo apesar de tudo conseguido impor suas questões em praça pública, terminarão por se dispersar: não se medita em grupo, diferentemente dos deuses e gansos.)

A febre voltou. Quem se lembra de em outros tempos ter se recusado a ler Soljenitsin, Chalamov ou Grossman, esses lacaios da CIA? Quem ousa mencionar que torceu o nariz para a luta dos dissidentes soviéticos, húngaros, checos ou

[20]M. Heidegger, *Bremer und Freiburger Vorträge*, Klostermann, 1994, p. 27. A conferência data de 1949.

poloneses, os quais não se declaravam de esquerda, reivindicando "apenas" direitos humanos e liberdade? A polêmica revelou que proibições rígidas bloqueiam um pós-modernismo que — com a ajuda de Maio — julga-se o mais livre dos livres-pensamentos.

Voltemos aos "conceitos grandiosos", cuja obscenidade é lastimada por Deleuze. De que se trata? De "*a* lei, *o* poder, *o* mundo", e por aí afora. Decorridos trinta anos, os jornais abrem manchetes para essas noções deleuzianamente tabus. O fundamentalismo e a fé, a globalização e o mundo, o terrorismo e a lei, as "primeiras páginas" reiteram as questões proibidas segundo o santo pós-moderno. Em sua defesa, observo que ele parece menos excluir o vocábulo que o artigo singular: não existe uma fé, mas várias, uma lei, mas várias, um poder, mas vários, um mundo, mas vários.

Justamente! Não disputam eles a dominação do planeta? Não existe um mundo, mas para cada um o seu: árabe, hindu, ocidental, socialista... vá lá! Mas cada mundo não pretende impor sua lei aos outros? Não existe uma lei? Claro, e cada uma delas luta pelo poder. A pluralidade intrínseca aos "conceitos grandiosos" não sugere nenhuma coabitação tranqüila. O que proscreve o pós-moderno não é o singular em benefício do plural. Do que ele não quer ouvir falar é dos conflitos aos quais essas "palavras grandiosas" fazem referência. Como se bastasse censurar o vocabulário para banir as rivalidades e as estocadas.

O pós-moderno é irredutivelmente pacifista porque irredutivelmente batalhas e guerras parecem coisa do passado, ultrapassadas a seu ver. Sua nova sabedoria pós-histórica persuade-os de que as lutas de antigamente nunca passaram de palavras e que seu eterno retorno não suscita senão, atualmente, conversas de bêbado. Sua visão retrospectiva coloca as paixões de outrora em pé de igualdade. Seu parecer definitivo instaura a paz dos cemitérios: "não existem senão interpretações", nenhum fato poderia desmenti-las, nenhuma prova é decisiva, logo todas se equivalem.

Enquanto um busca banir os conceitos que insuflam a discórdia, o outro os desconstrói até torná-los inofensivos, ou, como gostam de repetir: "indecidíveis". Derrida toma o termo da matemática, por analogia, assinala, isto é, por vaidade pedante. O importante é amortecer esses "conceitos grandiosos" a partir de dentro, que Deleuze rastreava a partir de fora. A responsabilidade? Um oximoro: ela implica a irresponsabilidade. A tolerância? A intolerância a habita. A decisão é assombrada pela indecisão. E assim por diante. Comprimidas entre a banalidade confusa e o paradoxo científico, as "palavras grandiosas" não assustam mais, estão neutralizadas, desativadas. Contanto que girem em torno de palavras-mestras derridianas, encarregadas de significar o mesmo e seu oposto:

> O *pharmakon* não é nem o remédio nem o veneno, nem o bem nem o mal, nem o dentro nem o fora, nem a fala nem a escrita: o *suplemento* não é nem um mais nem um menos, nem um fora nem um complemento de um dentro, nem um acidente, nem uma essência etc.; o *hymen* não é nem a confusão nem a distinção, nem a identidade nem a diferença, nem a consumação nem a virgindade, nem o véu nem o desvelamento, nem o dentro nem o fora etc.; o *gramma* não é nem um significante nem um significado, nem um signo nem uma coisa, nem uma presença nem uma ausência, nem uma posição nem uma negação etc.; o *espaçamento* não é nem o espaço nem o tempo...[21]

[21]Jacques Derrida, *Positions*, Minuit, p. 58-9.

"Pharmakon", "suplemento", "hymen", "gramma"... "nem nem nem", cada um desses vocábulos ou conjunções rege um ou vários volumes de uma obra cuja auspiciosa novidade eles amarram sob o santo patrocínio de Nem-nem: o princípio de não-contradição é abolido, você pode papaguear à vontade preto e branco, vermelho e negro, tudo e seu contrário. Viva em pós-modernidade, repouse no indecidível.

Banido como desonesto, o "princípio supremo" do pensamento (Aristóteles) proibia dizer, fazer e prescrever, ao mesmo tempo e sob a mesma referência, uma coisa e seu contrário. Recém-emancipadas das prestidigitações dialéticas do dúbio linguajar soviético, intelectuais russos apreciaram: "Quanto a Jean Baudrillard, é possível substituir todas as afirmações de seu texto por negações, sem que o sentido seja afetado. Além disso, é possível substituir também todos os substantivos por seus antônimos, o que tampouco terá qualquer conseqüência. Eu diria até mais: é possível fazer essas operações simultaneamente, não importa em que ordem, e até mesmo diversas vezes sucessivamente, e o leitor continuará a não perceber mudança perceptível. Jacques Derrida, concordará comigo um autêntico intelectual, mergulha mais profundamente e fica por mais tempo sem voltar à superfície. Em Baudrillard, ainda é possível mudar o sentido de seu enunciado pelo oposto, ao passo que, em Derrida, na maioria dos casos, nenhuma operação permite mudar o sentido de uma frase."[22] O veredicto resulta muito pouco acadêmico: "Os filósofos modernos lembram um bando internacional de ciganos ladrões de cavalos que, na menor oportunidade, carre-

[22]Viktor Pelevin, *Critique macédonienne de la pensée française*, trad. fr. Galia Ackerman e Pierre Lorrain, Denoël, 2005, p. 107-8.

gam com os pios noturnos os últimos resíduos de simplicidade e bom senso."[23] A falta de respeito salta aos olhos, resta saber se ofende injustamente filósofos ou ciganos.

Ao suprimir o princípio de não-contradição, a operação "pós" suprime os conflitos. E, para suprimir o princípio, suprime a contradição: uma vez que tudo não passa de interpretação, não há nada que permita às interpretações se entrecruzarem (em que lugar comum?), ou se oporem (em torno de qual questão comum?). As interpretações pós-modernas estão emparedadas (para que mundo comum se abririam?) É o reino do desejo (Deleuze), a afirmação de um messianismo sem messias (Derrida), da frase sem pé nem cabeça que não começa ou não termina nenhum grande relato (Lyotard). Aqui estamos nós, inocentes como o passarinho, livres como o ar, alados como os últimos suspiros.

A peripécia pós-moderna não mereceria que nos detivéssemos nela caso envolvesse apenas uma geração acadêmica cujos membros contam-se nos dedos de uma das mãos, não incluindo seus admiradores, discípulos e epígonos, estes mais numerosos. Porém, em trinta anos, sua *doxa* tornou-se a bússola das elites francesas. Vantagem única para as da esquerda, que se encoscora num mundo de fantasia, tão insensível aos fatos quanto fechada para o exterior. Ao longo de décadas, ela se revelou incapaz de perceber o novo, logo, de modificar sua grade mental.

Quando François Mitterrand chegou ao poder em 1981, ela se nacionalizou segundo senis receitas marxizantes. Quando, pouco depois, os caprichos da economia obrigaram-na a mudar de rumo, ela não falou de erro cometido, mas de "pausa", e con-

---

[23]*Ibid.*, p. 106.

servou seus conceitos caducos. Quando o império comunista se desarticulou, ela não se mexeu, tentou agarrar apenas a cereja do bolo, opondo-se à reunificação imediata da Alemanha. Em seu nome, Mitterrand reconheceu, único entre os chefes de Estado ocidentais, a legitimidade de um golpe de Estado fomentado em Moscou por um punhado de dinossauros bêbados, supostamente de "esquerda", porque saudosos de Stalin. Quando François Mitterrand morreu, ela cultivou sua memória sem tentar qualquer balanço crítico, a despeito do alvoroço. Quando o eleitorado popular a abandona, ela promete que voltará com a maior naturalidade. Quando perde as eleições, comemora antecipadamente sua vitória nas seguintes. A abolição do princípio de não-contradição arrasta, na confusão, a do princípio de realidade. É tão agradável viver no imaginário... E é dessa forma que ela se toma por herdeira de Maio de 68.

Nenhum acontecimento imprevisto, nenhuma idéia nova afeta sua suficiência, a esquerda virou pós-moderna. Desaparecidos "os grandes perigos".[24] Para ela, nada mais acontece que ela não tenha longamente ruminado. Desemprego? Crescimento estagnado? Motins na periferia? É culpa da maioria no poder! Pena: a estagnação social francesa já dura trinta anos, quinze dos quais sob a férula da esquerda. A qual se nega a constatar isso, ao contrário do eleitor. Baixem as pálpebras, fechem os olhos com bastante força, pensem "pós" e não modifiquem em nada os parágrafos de suas certezas e as ladainhas de seu programa.

---

[24]Jean-François Lyotard, *La Condition postmoderne*, Minuit, 1979, p. 6-7: numa janela, blocado, "o grande herói, os grandes perigos, os grandes périplos e o grande objetivo" [ed. bras.: *A condição pós-moderna*, Rio de Janeiro, José Olympio, 2002].

O novo espírito revolucionário

> "Mas a política está de volta. Está de volta no mundo inteiro. A queda do Muro de Berlim pareceu anunciar o fim da História e a diluição da política no mercado. Dezoito anos depois, todo mundo sabe que a História não terminou, que continua trágica."
>
> Nicolas Sarkozy, discurso de 29 de abril de 2007

A história continua a correr e 68 ainda se agita para quem consente em descongelar a imagem pós-moderna. Não se trata de fazer as exéquias da primavera a pretexto de que o acontecimento contradiz os cânones das revoluções totais da primeira metade do século XX. Deixo aqui aos marxismos acéfalos a tarefa de vituperar a realidade presente. Engastar as lembranças falsificadas de outubro de 1917 numa subversão rebelde a essa formatação constitui um método certeiro para pensar o mínimo possível.

A ilusão de dar início à Grande Noite não durou muito. E tampouco o sonho de erradicar "o velho mundo" em três semanas febris. Entretanto, longe de desaparecer como um sol pondo-se para sempre, a idéia de revolução começou a se transformar e ganhou outras cores. Paradoxalmente, o que não acontecera esclareceu a novidade do que acontecera. Uma ausência calou o esquema clássico: tanto em maio quanto em junho, os amotinados e as forças da ordem evitaram, a todo custo, o atrito sangrento. Ora, em dois séculos de cabeças cortadas e solos juncados de cadáveres, o sangue nas ruas supostamente atestava a seriedade e a verdade do empreendimento.

Lembro-me que um editorial do *Libération*, cinco anos mais tarde, ainda se dava esse trabalho, saudando o assassinato de um CRS, abatido por ocasião de levantes camponeses. O diretor do jornal celebrava esse avanço: já passara a hora das brincadeiras indolores do Quartier Latin, o "povo", o autêntico, recuperava o brio com a energia plebéia e a brutalidade viril que a história da França lhe atribui. Pela persistência, a sacralização dessa infeliz mácula atestava um modelo enfermiço: saber dar e receber a morte não é a virtude número um e o verdadeiro horizonte dos filhos de Saint-Just e Buonarotti? O *Libération* foi obrigado a acertar seu relógio: a revolução dos "cravos" em Portugal, o fim do regime franquista na Espanha, a *movida*, as revoluções de "veludo" no Leste europeu, das "rosas" na Geórgia, "laranja" na Ucrânia atenuaram zelosamente o desperdício de hemoglobina.

A desarticulação dos fascismos no Ocidente e dos totalitarismos no Leste mudou o mapa do Velho Continente e resultou em sua progressiva reunificação. Esse sismo geopolítico merece seguramente o nome de "revolução" — passou-se de um regime a outro —, com a condição de reconhecermos a originalidade desse novo paradigma europeu, de envergadura universal, como comprovam hoje os levantes da população libanesa e dos bonzos da Birmânia.

Até 1968, a prova do sangue era considerada o modelo, o ponto culminante, a virada decisiva do processo revolucionário. O "radical" queria ir "até o fim", não importando o preço humano, o "moderantismo" pretendia frear uma bulimia perigosa, os intelectuais — com Victor Hugo em *O noventa e três*, Anatole France em *Os deuses têm sede* e Sartre em *As mãos sujas* — ponderavam ao infinito os prós e os contras. Tanto na Alemanha (Buchner, *A morte de Danton*) como na Rússia (Dostoievski, Turguêniev...), mesmas perguntas, mesmo dilema. Uma violência ao mesmo tempo necessária e potencialmente incontrolável anima, mede e desacredita as revoluções clássicas.

Quando, em 1945, a jovem intelectualidade francesa tenciona passar "da resistência à revolução", o molde não mudou. Na época, Pierre-Jean Jouve faz um prefácio aos discursos de Danton. Para ele, a "matriz sangrenta da liberdade" permanece una e indivisível. Loucura, fraternidade no entredevoramento, zelo no desespero, nada disso adianta, "a Revolução, subversão do absoluto, morre pelo absoluto, e oferece agora um absoluto dramático 'vermelho e fuliginoso', que nenhuma época, em nenhuma história, conseguiu representar com tal poder". Esfreguem os olhos! Imediatamente após a Segunda Guerra Mundial, cinqüenta milhões de mortos e inevitáveis rios de lágrimas, por uma estranha imobilidade das referências históricas, é 1789-1793 que obseda gaullistas e comunistas. Estes disputam suas lições e sua herança: "divindades incontestáveis", a Justiça e a Pátria presidem a revolução concebida como "sacrifício" fundador e derradeiro. Entre revelação mística — a festa da fraternidade — e mobilização impiedosa com vistas à Salvação pública, a militância revolucionária é de ponta a ponta condenada a sonhar, matar e morrer. O sangue do mártir e o sangue do guerreiro, o sangue limpo do cidadão, o sangue impuro do inimigo devem irrigar os sulcos do arado. Como parecem inconsistentes e frívolas as barricadas estudantis nesse espelho sangüinário!

A partir de 1789, entretanto, a aura da revolução não é necessariamente avaliada pelo número de cadáveres que ela semeia ou que a enluta. Kant, seu contemporâneo, celebrava a grandeza universal do acontecimento, embora ficasse assustado com o terror jacobino e enojado com a execução criminosa de Luís XVI e da família real. "Que a revolução de um povo espiritual, a qual vimos efetuar-se em nossos dias, tenha sucesso ou fracasse; que acumule misérias e crimes pavorosos a ponto de um homem sensato, se pudesse ter esperança, empreendendo-a uma segunda vez, de terminá-la satisfatoriamente, não se resolver não obstante a tentar essa experiência a esse preço — essa revolução, eu dizia, encontra contudo nos espíritos de todos os espectadores (que não estão envolvidos nesse jogo) uma simpatia de aspiração que beira o entusiasmo."[25]

Aqui, o ponto de vista eleva-se além das considerações de eficácia e êxito. Trata-se de uma experiência da liberdade, em que o entusiasmo do espectador coincide com o que ele percebe de desprendimento na ação do ator. O "espetáculo" é fundador. Eleva um povo acima de seus interesses imediatos para alcançar a dignidade da autonomia. Sem participar da ação, cada um, mesmo afundado em sua poltrona, pode se reconhecer no esforço de uma liberdade que se preza a si mesma e fixa suas próprias leis. A grandeza de uma revolução não reside de forma alguma nos oceanos de glóbulos vermelhos, tampouco em seu êxito ou fracasso, tampouco nas províncias conquistadas ou novamente perdidas, conta apenas o gesto soberano pelo qual interesses e preconceitos são

---

[25]Immanuel Kant, *O conflito das faculdades*, Lisboa, Edições 70, 1993.

subordinados aos cuidados da dignidade intrínseca que age e observa. "Da mesma forma que os incêndios iluminam toda a cidade, as revoluções iluminam todo o gênero humano."[26]

Dois vocábulos, na análise kantiana, permitem presumir o alcance inesperado de um Maio de 68 não sangrento. 1. *Espetáculo.* A revolução é um "espetáculo" que transcende a simples resenha circunstancial das ações e reações. Bulímicas de fala, a insurreição estudantil e a greve operária dirigem-se de imediato a um auditório que vai muito além dos ativistas do momento. 2. *Sublime.* O espetáculo revolucionário é "sublime". No sentido kantiano: momento em que a liberdade descobre-se a si mesma enfrentando o caos e a vertigem da natureza e da sociedade — "A revolução é a faca com a qual a civilização cortou seus laços", dirá Hugo.

A despeito das imprecações que discriminam a pretensa "sociedade do espetáculo", a revolução é desde sempre um espetáculo, cuja radiação excede o espaço e o tempo reservados à sua ação imediata. Em Königsberg, Immanuel Kant é "revolucionado" pelo drama que Paris apresenta à Europa. Em São Petersburgo, Catarina II é "contra-revolucionada" e, um século e meio depois, Trotski, escravo da tradição, interpela seus juízes do Politburo — "Camaradas, fuzilem-me se quiserem, mas preciso saber em que capítulo do grande livro da Revolução sua sentença se inscreve, será na fase ascendente dos jacobinos ou no capítulo descendente de Termidor?" Referência absoluta, o espetáculo revolucionário paira sem pátria nem fronteira.

Critica-se Maio de 68 por ser "midiático". E o é abertamente. Os operários que interrogo dois dias depois apreciam

---

[26]Victor Hugo, *Os miseráveis*, Quinta parte, livro 1, capítulo 5.

a fotogenia das batalhas de rua e a insolência de um estudante de cabelos ruivos que trata um ministro de você na televisão. O contágio propaga-se pelos veículos de comunicação de massa, apenas os universitários mal-humorados, as organizações mumificadas e autoridades fora do circuito acham o que criticar. Nada assegura que um orador, improvisado ou não, tenha razão, ainda que se exprima com força e habilidade num megafone ou microfone. Entretanto, acusá-lo de ser "midiático" e excomungá-lo como tal é o mesmo que se confessar antecipadamente vencido, a menos que se convoque a tropa para proibir a livre circulação das idéias e informações. Da ágora de Atenas aos libelos do Iluminismo, da imprensa de grande tiragem à navegação pela Internet, o encontro dos cérebros dá-se na praça pública, este é o suporte obrigatório das subversões democráticas.

Ora "tragédia", ora "comédia", freqüentemente as duas entrelaçadas, ou ainda "psicodrama", uma revolução, até mesmo "intangível", permanece um teatro mais "verdadeiro" que as vicissitudes da rua e os ajustes de conta, mais profundo que as tomadas de poder definitivas ou não, mais importante que os bravos e as vaias que vêm concluir uma encenação ainda balbuciante.

O espírito contemporâneo descobre na dramaturgia revolucionária uma forma essencial do conhecimento de si. Seja triunfante, derrotada ou traída, lamentável e catastrófica, a revolução permanece um espelho da condição humana. É o ingresso que cada sociedade tradicional compra para participar do caos da civilização. Se a aventura tivesse obrigatoriamente que ter um final feliz, Kant a teria apontado como "bela", em vez de "sublime". O fetiche da "bela" e perfeita revolução inspira diversas estetizações, desde o neoclassicismo jacobino e napoleônico, estilo David, até o *kitsch* insuportável da "arte não-degenerada" nazista ou do "realismo socialista" stalinista: ariano louro, tratorista de músculos retesados, sorrisos reluzentes de saúde e sol radioso. Ao contrário, o "sublime" não pinta a "bela" reconciliação dos homens com a natureza, nem consigo mesmos, mas o enfrentamento, em que a liberdade humana afirma-se face a e contra tudo, ainda que deva morrer.

Mais que harmonia, trata-se de grandeza. O termo "sublime" tem sua origem no "Tratado sobre o grande", que um autor anônimo (o pseudo-Longino) escreveu no fim da Antiguidade e cuja referência primordial é a *Ilíada*: "Homero, quando relata as mágoas dos deuses, suas discussões, suas vinganças, suas lágrimas, seus laços coercitivos, suas paixões de toda sorte, me parece ter feito deuses dos homens que estiveram no cerco de Tróia e dos deuses, homens."[27]

Vincular, ainda que com uma discrição toda kantiana, a experiência da grandeza intrínseca às convulsões histórico-mundiais, não é definir mais uma vez a revolução como "horizonte insuperável"? Decerto, mas que revolução? Não se trata mais do "Que fazer?" marxista-leninista, sequer do radicalismo jacobino.

As inéditas insurreições antitotalitárias do fim do século XX esbarram nas barreiras políticas da velha Europa, e, mais que isso, nas divisões ideológicas e categorias mentais que há dois séculos estruturam os engajamentos. O pós-Maio dos sessenta-e-oitistas, fiz parte deles, oscila entre o velho e o novo modelo de revolução. O papel atribuído à violência cristaliza os debates teóricos e práticos, que dividem até este dia di-

---

[27]*Do sublime*, trad. fr. *Du sublime*, Belles Lettres, 1965, p. 13.

versas gerações, beirando o ativismo terrorista imediato, o poder totalitário no Leste e a herança intelectual de 1789. A atualidade ardente e as verdades pseudo-eternas induziram a mutações dolorosas e sem retorno. Doravante a capacidade sacrificial de derramar o sangue dos outros e o seu não constitui mais o alfa e o ômega do bom revolucionário. A mesma coisa para os ingênuos tardios que ostentam no peito a cabeça de um indefectível Che, infatigável colaborador do KGB, executante sem escrúpulo de camponeses recalcitrantes.

Invocando a glória e a auréola da divina foto, os carrascos narcomarxistas de Ingrid Betancourt e tantos inocentes inventam o que Philippe Val chama de "o *gulag* itinerante". "Como pequeno-burgueses esquerdistas, aqui ou acolá, ainda podem alimentar alguma indulgência por esses miseráveis a pretexto de que são os últimos combatentes da revolução marxista-leninista? Ainda mais radicais que Fidel e Chávez, eles são os últimos avatares do pôster de Che Guevara estampado em alguns banheiros de idealistas com dor de barriga... As Farc dão a resposta: não é a máquina administrativa que produz o horror, é a própria causa, a ideologia. Esses cretinos das Farc não precisam de nenhuma administração para inventar o *gulag*. Eles não têm território? Não interessa, criam um *gulag* itinerante, constituído do que chamam de reféns e que não passam dos indivíduos necessários para eles exercerem o poder supremo de confiscar a humanidade de humanos."[28]

Por que os atores do Maio francês recuaram de pavor diante da loucura assassina que se apoderou de seus amigos em Roma, Tóquio ou Berlim? O Exército Vermelho japonês

[28]Philippe Val, *Charlie Hebdo*, 5 de dezembro de 2007.

"Nihon Sekigun"[29] inaugurou a operação suicida em matéria de terrorismo, o camicase vermelho reatava curiosamente com os métodos do exército imperial que ele execrava. São mais tradicionais a "Fraktion Exército Vermelho" de Baader-Meinhoff, na República Federal, e as "Brigadas Vermelhas", em Milão e Roma. Rossana Rossanda, ex-deputada comunista, descobre a "orgulhosa" reivindicação dos assassinos esquerdistas de Aldo Moro (o líder democrata-cristão). Exclama, aniquilada: "Tenho a triste sensação de folhear um álbum de família!" Na Itália, e mais ainda na Alemanha, o Maio estudantil não rompeu de forma alguma com o comunismo de seus predecessores, enquanto na França os contestadores enfrentaram imediatamente o Partido Comunista, suas maltas e suas claques. Os terroristas europeus do pós-68 não se arvoravam a repensar a doutrina, limitavam-se a superestimar e reivindicar uma passagem ao ato que as gerações anteriores foram a seus olhos demasiado covardes para realizar.

"Antes que nos mandem para Auschwitz, você fala que eu vou me defender: prefiro bater primeiro, óbvio... Os mesmos que mataram com gás seis milhões de judeus agora se autorizam a pregar moral e insultá-los por causa dos seus cabelos compridos! Isso também conta, esses covardes não têm nada que apitar, nem sobre meu corte de cabelo, nem sobre a altura dos meus saltos",[30] exclama, em 1968, "Bommi Baumann", jovem revoltada anarquista, tendência TW (Tupamaros West Berlin). Em 69, por ocasião do 31° aniversário da "Noite de Cristal", Bommi e seus comparsas de ca-

[29]Michaël Pranzan, *Les Fanatiques, histoire de l'Armée Rouge japonaise*, Seuil, 2002.
[30]Bommi Baumann, *Tupamaros Berlin Ouest*, Presses d'Aujourd'hui, 1976, p. 75 e 111, prefácios de Heinrich Böll e D. Cohn-Bendit. (Tupamaros: grupo armado de extrema esquerda que atuava no Uruguai nos anos 60-70.)

belos compridos, judeidade fantasiosa e tragicômica a tiracolo, plantam uma bomba na sinagoga de Berlim! E não hesitam em pôr os pingos nos is num panfleto intitulado "Schalom + Napalm", que estigmatiza "a ilegitimidade de Israel" e conclui: "O poder está na ponta do fuzil!", assinado "Os ratos pretos". Ahmadinedjab ainda estava no ovo e Bin Laden, de calças curtas.

Os amigos de Andreas Baader,[31] tendência Exército Vermelho, pretendiam voltar a 1933, data da renúncia perante Hitler. Com quarenta anos de atraso, travavam a luta que o movimento operário alemão não assumira. Crias do marxismo, os vilões dos anos de chumbo queimavam cadáveres de inocentes para marcar com túmulos brancos, os seus portanto, o caminho que a história deveria seguir e em que ela se perdeu.

A alegre algaravia teórica, Marx contra Marx, reinante na Sorbonne ocupada não se prestava a interpretações tão sumárias. Reduzir a história contemporânea a um erro de rota, corrigível com tiros de P38 ou Kalachnicov, executando "tiras" e "patrões", "atirando nas pernas" de jornalistas "a soldo do capital", não convenceu Paris. A bela solidariedade ostentada por alguns — "Geismar-Arafat, a luta é a mesma!" — com as guerrilhas do Oriente Médio ou da América Latina permanecerá platônica e hipócrita.

A questão do totalitarismo foi proposta, com a ajuda de Dany Cohn-Bendit, desde os primeiros *sit-in* no Quartier

---

[31]Conheci Andreas Baader e sua namorada Gudrun Ensslin em 1970, quando ainda não haviam cometido crimes contra pessoas. Decretados inimigos públicos, cansados, hesitavam diante de uma saída radical e difícil do ciclo infernal do terrorismo, eu os encorajava vivamente a isso. Tentei convencê-los da imoralidade e da inutilidade de sua estratégia mortífera. Fracassei, eles preferiram o caminho do assassinato. Suicidaram-se aos 24 anos, na prisão de Stammein-Stuttgart, em 18 de outubro de 1977.

Latin. A rejeição francesa ao terrorismo operou-se contra o pano de fundo da abjeção soviética. Em 1977, Vladimir Bukovski, jovem detento com uma insolência digna de um orador de Maio de 68, foi trocado por Corvalán, líder do PC chileno. Recém-libertado do *gulag*, ele me explicou como as conversões à dissidência russa nasceram de uma conjuntura semelhante (que, seja dito de passagem, mobilizava na URSS uma coragem incomensurável). Adolescente, ao lado de colegas de impertinência, declamava longos poemas de protesto nas praças de Moscou. Nos anos 60, quando o "degelo" cessou, a polícia proibiu violentamente essas inocentes demonstrações. Optando pela resistência armada, os jovens, agora clandestinos, quiseram dar uma grande cartada. Acumularam, segundo Vladimir, explosivos em quantidade suficiente para fazer o Soviete Supremo ir pelos ares.

Antes da operação fogo de artifício, realizaram uma última reunião. A deliberação descambou para um exame de consciência: que vamos deflagrar? O irmão mais velho de Lenin não era, como nós, um terrorista "democrata"? Foi enforcado. O caçula, Vladimir Ulianov, jurou vingá-lo, e por todos os meios. Conhecemos a espiral catastrófica. Revolucionário profissional, em outubro de 17 Vladimir tomou o poder com um golpe de Estado. Intensificando o terrorismo vermelho, Stalin sucedeu-o e tornou-se multimilionário em cadáveres. Mais que a perspectiva de uma provável execução — terminar no *gulag* deixara de ser engraçado —, foi o ciclo infernal do terror sem fim que lhes repugnou. Tinham escolhido a luta pelos direitos humanos no lugar e hora da violência armada. Não acreditem que foi fácil. Despachados para os campos e hospícios psiquiátricos, com as torturas e "tratamentos" apropriados, com a morte tão freqüentemente no fim do caminho, tanto para si como para suas famílias, os dissidentes pagaram caro por essa escolha. A meditação dos resgatados do sistema concentracionário soviético podia curar os parisienses da tentação terrorista. O paralelo termina aqui.

A capacidade de subversão do *Arquipélago gulag* não reside nas informações por ele fornecidas: elas eram, no essencial, de domínio público, no Ocidente, há décadas. Tampouco em sua escrita pomposa, pode-se preferir a ela o texto gelado, cadavérico, o trágico seco de Varlam Chamalov[32] (Soljenitsin recomenda sua leitura). A eficácia dificilmente resistível da obra reside em seu método de investigação filosófica. O livro interroga e retro-interroga: o que investi de mim mesmo para que tal inferno exista e persista na Terra? Ele dirige a questão do *gulag* para si mesmo, interpelando o jovem oficial stalinista que ele foi, observando como, tanto por seu gosto pelas dragonas quanto por seu respeito ao saber acadêmico e marxista, tornou-se cúmplice da cegueira geral. O escritor descobre, e o leitor com ele, que ele se confinou a si próprio. Como Ivan Denissovitch, camponês prisioneiro e pedreiro forçado, que se entrega à alegria do trabalho bem-feito e bate, bravo stakhanovista, recordes de velocidade na construção de sua própria cela.

O inferno é nosso espelho, não nasce de um infeliz acaso nem de um exterior funesto, nós o produzimos, reproduzimos, preservamos. Stalin está longe no espaço e no tempo, a lição vale para o cidadão russo molestado, mas os filhinhos mimados de Maio podem usufruí-la. Não viveram embalados pelos mesmos *slogans*? Não engoliram os conceitos obturados da

[32]Varlam Chalamov, *Récits de la Kolyma*, Verdier, 1969; Aleksandr Soljenitsin, *O arquipélago Gulag*, São Paulo, Difel, 1976, esgotado; *Une journée d'Ivan*, Julliard, 1976 etc.

Europa militante, contemplativa ou diplomática que deixou crescer e prosperar o homem comunista? A obra de Soljenitsin desfere golpes impiedosos e universais. É possível perceber nela a coerção do "Conhece-te a ti mesmo" socrático.

A publicação de O *arquipélago Gulag* abalou a intelectualidade francesa. Em nenhum outro lugar no Ocidente a confusão verificou-se tão concreta e radical. Em três anos, Paris esqueceu três décadas de marxismo dominante e impenitente. Nas margens do Sena, os buquinistas alardeavam as obras de ponta da revolução. Como explicar essa nova exceção francesa? Por haver participado dessa grande lavagem de roupa suja, testemunho que, por mais paradoxal que pareça, o encontro de Maio de 68 e de Soljenitsin rompeu proibições e tabus. Não se tratava mais apenas dos rinocerontes do PCF, partido mais stalinista da Europa, o ângulo de visão ampliava-se para a história planetária de meio século. Não importava mais forjar um *remake* obedecendo a não sei que modelo exótico, caribenho, albanês ou chinês, cujo distanciamento garantisse sua pureza pela ignorância. Não era mais confortável denunciar um simples desvio, uma impostura "burocrática", que, uma vez extirpada, resgata um socialismo de rosto humano e reabilita seus bons pensamentos do século passado.

Na brecha aberta por Soljenitsin e Sakharov, a dissidência, em Moscou, Praga, Budapeste e Varsóvia, anuncia uma revolução contra a revolução. O que não significava uma contra-revolução, mas uma insurreição do espírito. Uma insurreição antitotalitária, em nome dos direitos humanos, em nome da liberdade e da democracia, um amotinamento inédito que desdenhava os regimes de terror gerados pelas revoluções à moda antiga. Como a França intelectual não colidiu em cheio com esse novo questionamento? A digna Sorbonne sob a direção de Mathiez não havia anteriormente coroado Lenin herdeiro legítimo de Robespierre e propagado a legenda áurea que deu a volta ao mundo?

Paris tornou-se, por um curto período, a câmara de eco do planeta. Muro da Vergonha e Cortina de Ferro desmoronaram dentro das cabeças com quinze anos de antecedência em relação a Berlim 89. Aron e Sartre, o pensador de direita e o de esquerda, uniram suas respeitáveis vozes para salvar do afogamento os *boat people* em fuga do Vietnã comunista. Os *french doctors* "sem fronteiras" e "do mundo", tudo criação de Bernard Kouchner e de seus amigos médicos, cristãos ou agnósticos, esquerdistas ou reaças, percorriam os vales do Afeganistão devastados pelo Exército Vermelho. Quando os oficiais desenrolavam o tapete vermelho para o ditador valetudinário e depravado de Moscou, intelectuais, mas não apenas eles, ex-grevistas das fábricas Lip, direita e esquerda misturadas, homenageavam os dissidentes e combatentes da liberdade, que resistiam às ditaduras vermelhas e negras, tanto às do Leste europeu quanto às da América Latina. O teatro Récamier, que recebia Sartre, Foucault e Aron, Simone Signoret e Yves Montand, sobrepujava em cadeia mundial o Eliseu, que naquela mesma noite iluminava-se para receber Brejnev.

A abertura não esperou Nicolas Sarkozy. Contra as limpezas étnicas de Milosevic, uma Mutualité abarrotada acolheu os apelos de Giscard e Rocard; contra o terrorismo na Argélia, reunimos, em torno das mulheres resistentes condenadas à morte pelos grupos islâmicos, líderes de esquerda e de direita, padres e muftis, que nunca tinham se encontrado. Kouchner conseguiu, não sem dificuldade, fazer com que fossem homologados um direito e um dever de ingerência internacional, apoiado por Chirac e Mitterrand juntos. Claro, isso é apenas um começo: no momento em que escrevo estas linhas, a tragédia chechena não terminou, as de Darfur e da Birmânia, entre outras, mostram o caminho que resta a percorrer e os riscos apavorantes de uma volta ao ponto de partida, isto é, ao massacre.

Contudo, a hipoteca que oprimia as boas recordações de um Maio longínquo acabava de ser anulada. É inútil e falso opor emancipação, manifestação e barricada de um lado e prosperidade e taxas de crescimento do outro. Tanto nos regimes totalitários como nas sociedades emergentes, vontade de liberdade e desejo de bem-estar vão de par; os dissidentes do Leste e do Sul raramente devotam um ódio ao consumo. Embora nem sempre idolatrem o automóvel e o TGV, a Coca-Cola e o McDonald's, não gostam que uma sociedade fechada e estagnada os prive disso. O "ou isso ou isso" ecologista ou alterglobalizante em voga nos países abastados nada tem de universal; a luta pelos direitos individuais, do homem, da mulher e da criança, e a luta contra a miséria podem convergir, a despeito do superego teórico de um pós-Maio depressivo. A opção esquerda radical leninista e *vieille France* de uma revolução contra o consumo terminou. O planeta que sofre zomba dela.

A Amazônia européia é uma província pedagógica

"Em 1989 ouvimos muitas tolices sobre o fim da história, sobre a paz redescoberta, sobre a eternidade da democracia. Se há uma lição a tirar desse terrível século XX, é que cabe a cada indivíduo autolimitar-se, autolimitar as pulsões assassinas de que o século XX foi a ilustração."

Aleksandr Soljenitsin, discurso, 1993

Que resta aos órfãos da Grande Noite, uma vez dissipado o encantamento de resolver para sempre, de uma tacada, as angústias que desde sempre assombram a humanidade? É muito simples ficar gaguejando sem parar o "fim das ideologias", confundindo a extinção dessa ou daquela crença com o coma superado de um desejo de acreditar, não obstante sempre reaceso. É muito fácil imaginar que a onipotência, doravante planetária, de uma vontade de diálogo vai substituir incontinenti o confronto armado. No caso de um anseio, quem não assina embaixo? Já no caso de uma constatação, a crueldade ambiente introduz rapidamente alguns desmentidos. Daí os planos mirabolantes para substituir o conflito pela persuasão, o *hard power* dos Estados pelo *soft power* das sociedades. Depois de "todo o poder à Revolução" (foi um fracasso), "todo o poder à educação" (será a felicidade).

Que significa ao certo esse poder suave (*soft*) de que todos, ONU, concílios sensatos e menos sensatos, opiniões esclarecidas, afirmam-se depositários? Mediante que impulso a sociedade civil se imporia ao Estado, e a sociedade das nações à força dos Estados nacionais? A chave do mistério reside na relação pedagógica erigida em árbitro definitivo do possível e do impossível. Nossa sociedade policiada e pós-moderna sonha subordinar a ação política e guerreira dos Estados à graça de um poder educativo onipresente e, enfim, onipotente. Nossa fantasia é a "província pedagógica", onde tudo que acontece recai sob a jurisdição suprema de uma invisível "sociedade da Torre" (Goethe) ou de um "conselho noturno" (Platão), que, com sabedoria, disciplina uma humanidade supostamente menos livre do que se imagina, mais bem-educada e educável do que a conhecemos. Sob a autoridade onisciente e dissimulada que governa a província pedagógica, "a despeito de todas as suas tolices e delírios, o homem, guiado por uma potência superior, chega, ainda assim, a porto seguro" (Goethe).[33]

Recuperada de seu pendor pelas aventuras sangrentas, a esquerda européia opera sua retirada para posições há muito premeditadas, encontrando no progressismo de seus professores as certezas do "socialismo de cátedra". Após o fracasso da unificação napoleônica, *manu militari*, do Velho Continente, Saint-Simon, pai-fundador, não havia preconizado colocar à frente da Europa um estado-maior de cientistas e

[33]*Conversas de Goethe com Eckermann* (a respeito dos *Anos de aprendizagem de Wilhelm Meister*).

industriais? O fracasso das insurreições leninistas e a queda do império soviético equivalem certamente a vários Waterloo. Com a persuasão substituindo a violência, nossa Amazônia, domínio dos peritos e competentes, será pedagógica e nosso projeto, uma (intangível) "república do centro... Frágil conceito de substituição da idéia segundo a qual a sociedade profunda, a sociedade fora da política, era a verdadeira reserva da República".[34]

A "sociedade" dos índios guayakis ou tupi-guaranis mostrava-se por demais ciosa de suas virtudes guerreiras para entregar sua gestão a qualquer chefia autônoma. Reciprocamente, nós, por nossa vez, ocidentais esclarecidos, somos orgulhosos demais das nossas luzes para suportar a violência dos Estados — esse *hard power* sempre um tanto cego. Por conseguinte, a sociedade civil vê-se intimada a alfabetizar o Estado e impor seu suave poder educador aos duros homens de ação, por vezes reticentes. Que professor, que jornalista, que agente da previdência social ou mental não brigaria por uma brilhante carreira nessa Amazônia pedagógica? Ao eleger-se professora da República, a intelectualidade congratula-se e ovaciona-se um tanto levianamente: Lenin perdeu, logo "vencemos".

Para grande lástima de seus acusadores, a conjetura revela-se falsa. Não adiantou Lenin sair do mausoléu, a hora da pós-violência universal não soou. Nem no seio das nações, em que o "centro" não absorve os conflitos e em que, no melhor dos casos, as alternativas (direita/esquerda, democratas/republicanos) continuam a dilacerar a atualidade pelo bem maior da vida democrática; nem entre as nações, em que a hipótese

[34]François Furet, Jacques Julliard, Pierre Rosanvallon, *La République du Centre*, Calmann-Lévy, 1988, p. 10.

segundo a qual não haveria mais o que temer senão conflitos de "baixa intensidade", por assim dizer residuais, deu com os burros n'água. Por via de conseqüência, a tentativa de transformar a França, a Europa ou a ONU em província pedagógica moderada verifica-se não somente utópica, como também autodestrutiva. A máquina de ensino, instauradora de Amazônias pacificadas, termina por se devorar a si mesma. Entremos nos detalhes.

A hora da pós-violência ainda não soou

Muito conscientemente — ele me confidenciou —, François Furet resolveu desancar a escola de Mathiez e Soboul na esteira do escândalo Soljenitsin. Seu livro mais importante, *Pensar a Revolução*, sugere considerar a continuidade 1793-1917 a contrapelo: se Lenin já estava em Robespierre, se o terror jacobino carrega em si o terror comunista, convém celebrar não a Revolução Francesa, mas seu bem-vindo fim. Em 1989, o bicentenário decretará, não sem temeridade: a Revolução terminou. Furet recusa, com lucidez, as justificativas e desculpas que atribuem as paixões guilhotinescas de 1793 à pressão acidental das circunstâncias — agressão das monarquias européias, complôs aristocráticos, insurreições dos camponeses vendeanos e bretões. Ele insiste na dinâmica interna que alimenta a escalada sangrenta até Termidor. O historiador descobre o esquema filosófico proposto, em 1806, por um Hegel persuadido, "como todos os alemães nobres" (isto é: os alemães pensantes, Schelling, Hölderlin), de que "o teatro genuinamente filosófico" inaugurado em Paris decide o sentido da história.

Ainda convém exorcizar o demônio e superar "o puro terror do negativo", essa "fúria de destruição", em que o cidadão, emancipado dos obstáculos do passado, atribui-se uma liberdade sem limites, o poder radical de ligar e desligar, terminando por voltar contra si e os seus sua "negatividade absoluta". O jacobino instaura o reinado da virtude que manifesta negativamente sua pureza: nada o vincula nem o retém. Essa virtude verifica-se e prova-se universal. "Ela ministra a morte mais fria e superficial, sem outra significação maior que decepar uma cabeça de repolho ou beber um gole d'água."[35] Tudo é dito e previsto, parece: um cabo elétrico liga a guilhotina festejada em Paris aos campos de morte no Camboja de Pol Pot. Isso é tão evidente assim?

A loucura furiosa, que ameaça de dentro o ativista revolucionário, essa "negatividade absoluta" justamente isolada por Hegel e que as análises de Furet redescobrem, como livrar-se dela? Hipótese por demais otimista dos nossos dois autores: a raiva de destruir, voltada contra si mesmo, termina por se autodestruir, libertando com isso uma sociedade pós-revolucionária pacificada — "o rio volta ao seu leito". O terror jacobino passa assim por uma "astúcia da razão", que instaura o bem com os meios do mal. Ao se autodestruir, o revolucionário se auto-educa sob a férula da morte — esse "senhor absoluto". Descobre a contradição entre seu ideal de liberdade e igualdade de um lado e, do outro, a radicalidade furiosa das armas empregadas. Termidor, epifania dos guilhotinadores que guilhotinam guilhotinadores para terminar com a guilhotina, ilustra então um esboço de sensatez. A "negatividade absoluta" procederia à sua própria redenção no

[35]Hegel, A *fenomenologia do espírito*, t. II, Petrópolis, Vozes, 2007.

modelo do Mefistófeles de Goethe, o "espírito que sempre nega". E desprezaria a ironia ameaçadora que pontua a promessa do diabo.

> Fausto: Vamos, quem és tu?
> Mefistófeles: Sou uma parte dessa força
> Que sempre quer o mal e sempre cria o bem.[36]

Belo romance na verdade. Tendo-se despojado de seu extremismo homicida, o revolucionário reabilitado instala no trono a racionalidade moderna — Napoleão para Hegel em 1806 — ou promove, no fim do último século, essa "república do centro" expurgada dos delírios ideológicos, cujo hipotético triunfo é prometido por Furet. O sessenta-e-oitista moderado participa do idílico quadro segundo as duas versões, mais complementares que antinômicas.

Ou, puro herói do arrependimento, confessa seus crimes, felizmente exilados em pulsões interiores ou literárias, e se proclama "geração perdida" antes de se apagar como cidadão comum.[37]

Ou, imaculado e inocente, teria agido o tempo todo na melhor das intenções, a despeito de um revolucionarismo de empréstimo, esta é a imagem global de uma "geração" inteira salva e como inatamente imunizada contra a loucura do mundo.[38]

Embora solicitado, não participei nem de uma nem de outra dessas edificantes biografias coletivas, ambas pecando por otimismo. O arrependimento, que consiste em assumir

---

[36]Goethe, *Fausto*, I, 3.
[37]Jacques Paugam, *Génération perdue*, Robert Laffont, 1977.
[38]Patrick Hamon e Hervé Rotman, *op. cit.*, I e II.

todos os pecados do universo, me pareceu resolver bastante satisfatoriamente o problema da persistência planetária das ignomínias, que o palavrório e a autoflagelação não afetam em nada. Tal presunção espreita igualmente aquele que se atribui todos os crimes, ou se paramenta de todas as virtudes. O conhecimento de si perde sua autenticidade a partir do momento em que descamba positivamente, ou negativamente, para o narcisismo.[39]

Sócrates interroga a violência de Tífon como uma força ao mesmo tempo interior e exterior; se participa do caos do universo, não é o único e todo-poderoso organizador. Assim como Soljenitsin, ao se interrogar, não resume a experiência do Arquipélago à sua cumplicidade pessoal, os carrascos dominam o Kremlin. Em contrapartida, o "espírito de 68", que Mitterrand, rapidamente, resgata, consagra *a posteriori* o sessenta-e-oitista como sal da terra e fonte do bem e do mal. Muitos veteranos de Maio caíram, todos se lembram, na armadilha e, comprometidos, ao lado dos rocardianos, com uma fantasmagórica república do centro, transformaram-se em miterrandianos puros-sangues, aceitando endossar, sem protestar, ou protestando tarde demais, não poucas canalhices.

Enterrado o mito jacobino-bolchevique, o pedestal ideológico, nacionalista e revolucionário, comum ao gaullismo e ao comunismo, cai por terra. A tentativa de recentrar a esquerda para obter a sucessão — estratégia da "república do centro" — não se revelou, até hoje, nem convincente, nem compensatória, nem suficiente. Somos obrigados a constatar, entretanto, que, em muitas décadas, esse é o único recurso

[39]Ver Pascal Bruckner, *La Tyrannie de la repentance*, Grasset, 2006.

que a esquerda sugere periodicamente, como simulacro do passado. Será que não há nada melhor a aproveitar das luzes de Maio de 68 do que essa paralisia do espírito?

A imponderabilidade surrealista na Nova Amazônia

Auto-imunizada contra os dolorosos caprichos da realidade, a esquerda continua a esquerda e insinua-se como "lugar de memória",* museu de cera, imagem imóvel de sua própria eternidade. Ela vomita os privilégios, como em 1789. Afirma-se como bloco sem fissuras, como em 1793, em nome da salvação pública. Denuncia suas divisões e, com isso, as aprofunda. Vacila acerca de 1848, pois entre a festa de fevereiro e as matanças de junho, ainda não tem uma opinião formada. Celebra a Comuna, mas faz de tudo para amenizar as dúvidas e hesitações dos *communards*. Glorifica-se com o Caso Dreyfus, sem entrar em detalhes antes escabrosos, omitindo apontar o anti-semitismo à flor da pele de tantos veteranos socialistas. Festeja a Frente Popular, mas omite a não-intervenção na Espanha republicana. Em 1940, concede plenos poderes a Pétain, se esquece e se gaba de ter vencido a guerra em 45, após haver, naturalmente, conquistado a vitória em 18. "A Argélia é a França!", de Dunquerque a Tamanrasset; ela despacha quinhentos mil jovens para combater os *fellaghas* e vem nos cantar, sem remorso nem

*Lugar de memória: conceito histórico da lavra de Pierre Nora; um lugar de memória pode ser um monumento, um personagem importante, um museu, ou mesmo um símbolo, fato ou instituição — ele vai "do objeto mais material e concreto, por vezes geograficamente situado, ao objeto mais abstrato e intelectualmente construído" (*in Les Lieux de mémoire*, Gallimard, 1997). (N.T.)

autocrítica, os refrões do anticolonialismo. Chega Maio de 68, utopia, reticências e ponto final, consumando a linhagem pura de uma história sagrada, em que nossa esquerda quimérica contempla-se infalível e insuperável.

Do ponto de vista desse conto de fadas, a crônica leiga das bonanças e tempestades não merece que nos detenhamos nela. Se a jornada das 35 horas semanais, últimas flores do memorial glorioso, não cumpriram sua promessa e não acabaram com o desemprego, como previsto, que importa! A medida-modelo fala de si mesma, basta-se a si mesma, perpetua a lembrança sacrossanta de 1936 e das férias remuneradas. Quando um lado ideológico desfere dessa forma a prova de sua divindade permanente, qualquer crítica é heresia, ainda que cometida pelo eleitorado mais popular. Fascinada pelo desenrolar de seus méritos infinitos, a esquerda acha-se tão imaginária quanto o doente de Molière, que chafurda em sua merda. Exceto que a doença dos socialistas reside na saúde plena, irrevogável e imputrescível, que eles se atribuem. Não objetem que eles discutem e brigam entre si, pois o que está em jogo nessas esperneadas é precisamente essa vida eterna de que cada chefe de clã proclama-se última e única encarnação: "O socialismo verdadeiro sou eu."

Os bate-bocas de chefes num espaço fechado — partido, aparelho, estado-maior de uma grande empresa ou soviete de garagem — manifestam a contradição de um narcisismo plural que a relação pedagógica leva facilmente ao paroxismo. A partir do instante em que se institui instância suprema, medida do que é e do que não é, a pedagogia encerra-se num cara a cara de espelhos famélicos, ilustrado pelos debates sobre a escola encetados após 1968. Ora a criança é o futuro do homem, e os professores devem curvar-se à sua espontaneidade em detrimento de um ensino tachado de árido e opressivo. Ora o futuro da criança é o homem, e os professores são rogados a reafirmar sua competência, a do saber. Esse perpétuo equilíbrio entre teorias espontaneístas e programas autoritários confronta dois supostos detentores da verdade una e infalível. Ou a criança ou o professor conduz a dança, mas é sempre a verdade que fala. O objetivo é que a *minha* verdade torne-se a *tua* verdade a fim de se verificar, no exame final, *a* verdade. Cada um quer verificar-se nos olhos do outro. O jogo é realizado a portas fechadas, como uma luta pelo reconhecimento, acerca da qual Hegel assinala que desemboca numa luta mortal.

Quando, em contrapartida, demonstra que o aprendizado do conhecer é possível, Sócrates convida um jovem escravo, ignaro em geometria, a duplicar a superfície de um quadrado desenhado na areia.[40] O menino julga saber e duplica os lados do quadrado. Sócrates observa que o quadrado obtido é quatro vezes maior, e não duas. O adolescente obtempera e queima os miolos. Acaba de passar pela prova do real, esperando saber a verdade, faz a experiência de seu erro. Tem uma idéia verdadeira do falso antes de ter uma idéia verdadeira da verdade. É essa passagem pelo erro e pela hesitação que a relação pedagógica absolutizada minimiza: ela quer que a verdade plena já esteja lá, no professor ou no aluno, um ou outro deve ser habitado pela infalibilidade, não há terceiro pólo. Nada de comprovação dos fatos ou fracasso, que constituiriam um tribunal comum em que a falibilidade de ambos se revelaria. Quando a educação limita-se a um duelo badalado entre dois supostos detentores da verdade,

[40]Platão, *Mênon*, 82-3.

cada um exige que o outro ceda em seu benefício. Daí as altercações, os tumultos, as mágoas ou as violências. A partir do momento em que se reivindica da escola que arbitre tudo e salve a ordem social (agredida por "mal-educados"), ela vê-se privada de um mundo exterior, onde qualquer um pode enganar-se e qualquer observador constatar o engano.

Alain, filósofo modesto mas professor apaixonado e apaixonante, pedia, sob a III República, a seus alunos de fim de curso que escrevessem uma sentença ou uma pergunta no quadro todas as manhãs, livremente escolhida por eles, livremente comentada por ele. Isso significava deixar-se interpelar pelo imprevisto e responder à queima-roupa, em igualdade de condições com o auditório. Exatamente o contrário do professor mal-humorado que agride a *mass media*, abstém-se de comentar a atualidade, despreza as fontes de informação de seus alunos e institui-se dispensador de um saber indiscutível, ou, como diz Popper, "infalsificável", isto é, não sujeito à contestação.

Substituição do Estado pela escola, eis o princípio dos princípios que inflama os amazônicos de uma suposta Europa pós-violenta. Daí a solução milagrosa de uma "polícia próxima" destinada aos bairros "difíceis". Traduzindo, uma polícia pedagógica, com o objetivo de estender o domínio escolar ao conjunto da cidade. O agente da força pública funciona então como um monitor esportivo, um assistente social, um conselheiro familiar ou um organizador de entretenimentos culturais. Numa contrapartida lógica, a escola é conclamada a viver como um miniestado pedagógico fechado, em que o ensino é eleito pelos alunos-cidadãos para finamente representá-los e falar em seu lugar.

O sectarismo e a cegueira por ele disseminada atingem até mesmo os mais lúcidos porta-vozes da esquerda. Tomo como prova as reações, no mínimo ambíguas, aos motins que agitaram a periferia de Paris em 2005.

Ninguém ignora que, há trinta anos, o desemprego nos bairros ditos "difíceis" chega a atingir 40% dos moradores. O adolescente, que viu seu pai, irmãs, irmãos mais velhos freqüentar a Anpe [Agência Nacional de Emprego] a vida inteira ou sobreviver de biscates, está desesperado e revoltado por todos os motivos. Por outro lado, o revoltado escolhe os caminhos de sua revolta. Atear fogo em ônibus lotados é produto de uma vontade de destruir por destruir. Podemos enumerar as circunstâncias atenuantes, mas não antes de qualificar a crueldade como desumana e enunciar, alto e bom som, que um crime é um crime, ainda que nos vejamos cúmplices dele.

Incendiar carros vazios é um delito. Queimar ônibus lotados, espalhar galões de gasolina entre os passageiros e acender um fósforo é um crime. Nada a ver com Maio de 68, que distinguia as violências contra as coisas e o terror contra as pessoas. Um limiar foi transposto, um *slogan* até então fantasioso, "Foda com tudo!", voltou a ser o guia da ação. Os amotinados, que lastimam, por todos os motivos, o destino de dois jovens eletrocutados, não têm uma palavra, um olhar pelas vítimas que fazem. Como se, transposto o limite do respeito humano, a luta mortal virasse regra.

Como designar esses jovens e menos jovens incendiários? Um menino de dez anos lava o automóvel da família para o Dia dos Pais. É atingido e morto por uma bala perdida. No local do crime, o ministro do Interior sugere uma "máquina de lavar". Em outro drama, em Argenteuil, fala de "ralé". É demais! A oposição esperneia, é normal. A imprensa também, o que é menos normal. Para evitar olhar o mal de frente, fazem semântica: Sarkozy teria ofendido o conjunto das cidades! E convencem as cidades de que o fez.

Pedantes moralizadores e preciosas ridículas não querem melindrar os incendiários, encetando então uma batalha ridícula em torno do vocabulário para se esquivar da crueldade dos fatos. Já que não se reforma a sociedade, reforma-se e censura-se o léxico. Alguns, que criticam a "ralé", escrevem, algumas linhas adiante: "bárbaros", "selvagens", "gringos" ou "vigaristas". O político lastima os termos "discriminatórios" e se refugia no vocabulário homologado, dizendo "delinqüentes", e que se dane a presunção de inocência. A confusão atinge o auge no eufemismo sociologizante: "os jovens" incendeiam, "os jovens" disparam balas reais, para concluir: "os jovens" estão com raiva. Os incendiários são jovens entre jovens, jovens como todos os jovens. Isso é roubar da Albertine de Proust "a encantadora arte de mentir com simplicidade". É preciso julgar cada um por seus atos, não por sua geração ou origem étnica. Jovem ou velho, um pilantra que aterroriza é um pilantra. O discriminador infamante recusa-se a confundir faixa etária ou local de residência e comportamento criminoso. A última palavra cabe a Disiz la Peste, conhecido *rapper*: "Regar com gasolina um deficiente, você está mal ou desempregado? Não, você não passa de um merda!"[41]

O incêndio não poupa os incendiários. É o bairro deles que arde em chamas, os carros de seus vizinhos ou primos que são incendiados, as escolas e bibliotecas de seus irmãos e

[41] *Le Journal du Dimanche*, 13 de novembro de 2005.

irmãs que são saqueadas. Eles fazem tábula rasa do que permite melhorar a vida, distrair-se, comunicar-se ou arranjar um emprego. Alguém acha que os piromaníacos precisam de uma consulta pedagógica para saber que trabalham contra si mesmos? Será que eles insistiriam, por simples inadvertência, em transformar num inferno condições de vida já difíceis? Se os incendiários não são bombas humanas (zelam por sua segurança física), são desde já, social e existencialmente, suicidas, construindo para si um futuro de escombros. "*No future*."

Ódio de si, ódio dos outros e ódio do mundo navegam juntos. Quem aterroriza os outros com explosões de coquetéis molotov, transforma o encanamento de gás em lança-chamas, promove a destruição geral ("hoje à noite vai ser Bagdá", ouvido em Clichy-sous-Bois), está em busca de afirmação. "Queimo, logo sou." Todo movimento de contestação violenta acha-se às voltas com essas tentações terroristas. Mas estas triunfam quando o ódio assume o comando, quando os incendiários definem sua "força" por sua nocividade, e apenas por ela. Nas chamas, que devoram o local de seu nascimento, eles contemplam seu poder e celebram a assunção de sua virilidade. O afásico, tocha nas mãos, é o oposto do sessenta-e-oitista, que encontrava sua liberdade falando desenfreadamente e a demonstrava contestando de rosto descoberto.

Podemos ou não usar o termo "ralé"[42] e outras desfeitas não menos depreciativas? Será preciso abster-se de toda estigmatização a pretexto de que inocentes poderiam se sentir visados? A sacrossanta preocupação de não suscitar

[42]O termo não vem de "raça" (como ouvimos na televisão), mas do latim *rasicare* = raspar. Cf. *Le Robert de la Langue Française*. Faço questão de salientar que essas poucas linhas são reproduzidas de um artigo que publiquei no *Le Monde*, em novembro de 2005, bem antes da eleição de Sarkozy.

"amálgama" constitui justamente amálgama. Supõe impossível separar o joio do trigo, logo, de distinguir a minoria do conjunto. A bela alma enternecida proíbe chamar um gato de um gato e um incendiário de veículos ocupados de assassino potencial. Confundem-se os que acendem o estopim com os que se recusam a isso. Toma-se a parte pelo todo.

Por que usar óculos cor-de-rosa e dourar a pílula? Será o caso de não "fustigar a periferia", quando uma pequena minoria ali derrapa perigosamente? Falar como Sartre, em *Nekrassov*, em não fustigar Billancourt recusando-se a enunciar a verdade do socialismo real, que o PCF e a CGT empenhavam-se em ocultar? Desde sempre, o pecado, em absoluto venial, da esquerda em conjunto foi pedagogizar em excesso, como se aqueles que ela se gaba de representar tivessem buracos no lugar dos olhos. O angelismo é contraprodutivo. Negar-se a designar como tal um punhado sem fé nem lei, falar dos "jovens da periferia em geral", é proceder a confusões insustentáveis, precisamente aquelas que a esquerda recrimina à polícia e de que ela se torna culpada aqui.

A fuga para o Exótico

Não acreditem que a direita tenha escapado por trinta anos a esse congelamento mental. Ao contrário, seu conservadorismo habitual encaixa-se sem dificuldade numa história aferrolhada pela esquerda, o que fez Jacques Chirac reunir os idiotas contra o liberalismo "perversão do espírito humano", profetizando que seu triunfo no século XX promete ser "tão desastroso" quanto o do comunismo no século XX. Uma França em primeira marcha adquire o hábito de contemplar seu futuro no retrovisor. Sob os auspícios de seus adoradores, Maio de 68, que se pretendera ruptura, transforma-se em seu oposto.

O acontecimento torna-se o símbolo da continuidade linear dos subservientes, que folheiam a cada dez anos as fotos desbotadas e amarelecidas de uma adolescência adorável.

Na glaciação do pós-Maio, choque depois fusão dos conservadorismos, explicaram aos filhos de 68 que eles eram defuntos, que sua aventura não deveria ter acontecido e, por conseguinte, que não havia por que ficar para trás, que então convinha retornar ao *statu quo ante*, com a única ressalva de que agora sabemos que as ilusões de antes foram carregadas pela desilusão de depois. Terminada a fantasmagórica exceção francesa. Afora a Grã-Bretanha, o coração do Velho Continente, berço da cultura ocidental, foi libertado a partir do exterior. De Paris a Atenas, de Lisboa a Madri até Varsóvia e Kiev, o nazismo submeteu, e sua lembrança ainda atormenta, esse "pequeno promontório da Ásia" que inventou, disseminou e dominou, dois milênios a fio, a primeira e única civilização a se pretender universal: "Difícil um alemão admitir isso. A idéia de que a idéia de democracia foi importada, até mesmo imposta, parece-lhe insuportável. Isso é culturalmente inimaginável: como a Alemanha de Goethe e Schiller, da grande filosofia, de Kant, de Hegel, poderia ter sido libertada por texanos ignorantes com o rabo cheio de penicilina? Isso talvez lhe pareça ridículo, mas, fundamentalmente, eis uma coisa que os alemães não aceitaram. Em parte, seu antiamericanismo vem daí."[43]

A França deixou de lado a presunção dos Pais da Vitória para cair na arrogância européia da derrota. Jurou com os outros "nunca mais", *never more, nie wieder*. Nunca mais Auschwitz e os campos? Que objeção fazer diante de tão cris-

---

[43]Daniel Cohn-Bendit e Bernard Kouchner, *Quand tu seras président*, depoimentos colhidos por Michel Antoine Burnier, Robert Laffont, 2004, p. 196.

talino juramento? Nenhuma, a não ser que ele não foi cumprido. Foi tão pouco cumprido que convém suspeitar de um engajamento insidioso, subjacente: revolução, nunca mais, guerra, nunca mais, nada mais a fazer — sabe-se lá aonde a ação, ainda que bem-intencionada, pode levar? Ao decretar que a história estava encerrada e fora de moda, a elite pós-histórica desejou-se boa-noite e se dedicou à auto-reprodução entre quatro paredes: o futuro do aluno é tornar-se professor, o futuro dos professores é fabricar muitos alunos.

Exceção planetária, a Europa Ocidental, a França à frente, substituiu a igreja pela universidade. Em todos os bairros, uma escola toma o lugar de um templo desertado, perpetua o culto do Livro tornado celebração profana da onipotência dos livros. A elite escolar cultiva, desde Jules Ferry, a esperança secular de uma existência conquistada graças ao cérebro. Superestimando doravante o ato de fé que instala oficiantes e catecúmenos na antecipação partilhada de uma sociedade pós-violenta, ela reivindica a caridade e o amor que supostamente devem fundar a harmonia preestabelecida de educadores e educados. Esperança, Fé, Caridade, as virtudes teologais exigidas pela religião, fracassam, apanágio de uma creche mística, equalizadora das desigualdades, única chance das famílias desfavorecidas, último recurso dos pobres e aflitos, fugaz espírito de um mundo sem espírito.

O serviço divino da educação identifica comunicação e comunhão, formação e informação, "sua ação é a contemplação de sua própria divindade".[44] Os envolvidos descobrem progressivamente que uma missão impossível tão sublime os atormenta e ridiculariza. O fardo de redimir o conjunto dos pecados do universo supera a capacidade da sala dos profes-

[44] Regra do reinado da bela alma, segundo Hegel (*Fenomenologia do espírito, op. cit.*).

sores, ainda que duplicada pela impotência das associações de pais de alunos. As crianças mais iconoclastas chegam a depredar as sedes de culto tão enganador, dispostas a encarnar a revanche de uma realidade — a da economia informal do comércio ilícito, da violência ilegítima, da crueldade. É ópio contra ópio, o universo nauseabundo das drogas partindo para o ataque contra o céu imaculado das ilusões pedagógicas.

A sociedade indígena entra em crise quando as condições naturais e acidentes circunstanciais desafiam sua capacidade de perseverar em seu ser. Surgem então, por exemplo nos tupis-guaranis, inusitados profetas.[45] Eles denunciam o presente insustentável e pregam uma grande partida unânime para a "terra sem mal", essa praia divina onde os infortúnios que minam o cotidiano não existem. Da mesma forma, quando a européia província pedagógica revela-se menos perfeita do que ostenta e mais propensa à violência e à desigualdade, até mesmo na escola, surgem anjos ecopolíticos convidando para a grande viagem metafísica para um "outro" mundo, uma "terra sem mal", toda pós-moderna. E os *charters* alçam vôo para Porto Alegre (Brasil) e Durban (África do Sul). Chega então a vez de as palavras de compaixão voarem, atestando a união sagrada de todos os excluídos do planeta, que marcam encontro para dali a dois anos ou nunca mais. Com a tarefa, nesse ínterim, de cultuar, cada um à sua maneira, algum paraíso deslumbrante e todo tipo de delírio, religioso ou não. O Outro é sem garantia, o "sem mal" é uma terra desconhecida e talvez um abismo, como a perspectiva consoladora de uma "sociedade sem classes". Para inúmeros "alterglobalistas", é melhor um fim terrível a um terror sem fim: a melhor maneira de deixar de viver à beira do abismo é pular dentro dele.

---

[45]Hélène Clastres, *La Terre sans mal*, Seuil, 1975.

Face aos niilistas

> "Uma vez que, como perdedores radicais, eles estão convencidos de que sua vida não tem nenhum valor, a dos outros lhes é igualmente indiferente; a idéia de que a vida merece ser preservada lhes é alheia. E não interessa se se trata de seus inimigos, partidários ou pessoas de fora. Eles seqüestram e matam de preferência os que tentam consolar a miséria das zonas por eles aterrorizadas, assassinam o pessoal da defesa civil e médicos, e queimam a última clínica da região, que ainda fornecia um serviço médico básico; pois eles têm dificuldade em distinguir mutilação de automutilação."
>
> Hans Magnus Enzensberger,
> *O perdedor radical*

> "Quanto mais morremos, mais nos fortalecemos."
>
> Estudantes islâmicos, ocupando a
> embaixada americana, Teerã, 1979

As esquerdas e os esquerdistas da Europa fecharam rapidamente o livro do terrorismo totalitário. Com uma ingenuidade demasiado excessiva para permanecer honesta, supomos que, uma vez erradicados os princípios jacobinos e bolcheviques, a raiva devastadora extingue-se por si mesma. A "negatividade absoluta" não cede lugar com tanta facilidade. François Furet propôs na verdade duas genealogias sucessivas do terror. A primeira, a mais difundida, como vimos, a experiência homicida do culto da virtude ao estilo de Robespierre ou do culto do dogma ao estilo de Lenin. A segunda, mais sutil, isola o terrorismo específico do século XX, cuja amplitude e crueldade incomparáveis inscrevem-se na esteira da Primeira Guerra Mundial: "A guerra de 14 tem para a história do século XX o mesmo caráter matricial que a Revolução Francesa para o XIX... A cronologia exprime isso à sua maneira, uma vez que Lenin toma o poder em 1917, Mussolini em 1922 e Hitler fracassa em 1923 para ser bem-sucedido dez anos mais tarde. Ela deixa supor uma comunidade de época entre as paixões despertadas por esses regimes inéditos, que fizeram da mobilização dos ex-soldados a alavanca da dominação sem alianças de um único partido."[46]

Agora mais veemente que os breviários revolucionários, a pulsão guerreira dá o tom e afina os violinos. Pena a morte ter interrompido o trabalho de retificação do historiador! A articulação revolução-guerra proíbe que reduzamos o pressuposto da destruição a um simples resíduo de ideologias nefastas. Na verdade, um furor insinua-se mais negro. Ao contrário do clube dos jacobinos, ela zomba da Razão e do Direito. Sade e Joseph de Maistre identificam suas primícias na guerra revolucionária de outrora, que triunfa nas revoluções guerreiras contemporâneas. Essa vontade de terminar com tudo, que castigou Lenin, eu a denomino "niilista". O

[46]François Furet, *Le Passé d'une illusion*, Robert Laffont, 1995, p. 194 [ed. bras.: *O passado de uma ilusão*, São Paulo, Siciliano, 1995].

niilismo deve ser cuidadosamente distinguido do relativismo denunciado pelas autoridades morais e religiosas. A relatividade limita-se a negar a existência de um Bem supremo válido para todos em qualquer lugar — nada de novo nisso, a Grécia antiga enumerava 280 soberanos bens, diversos e contraditórios.

O niilista transpõe outra barreira. Ele diz e pensa: não existe mal. Seu "tudo é permitido" autoriza-se não a partir da relatividade do bem, mas da inexistência do mal. Isso muda tudo. Relativismo e niilismo não se recobrem em absoluto. "Cada coisa aqui é parte verdade, parte mentira. Diremos que é verdade que o homem é mau; sim, pois conhecemos o mal e a mentira. Mas o que diremos que é bom?"[47] Mesmo quando o bem e a verdade são tidos por incertos, ao gosto de cada um, a experiência do mal e da mentira permanece partilhável e universalizável. O niilismo é a abominação de nada considerar abominável, é a parte de nós que se recusa a "saber o mal e a mentira".

Não vamos acreditar que a elucidação das causas e efeitos do terrorismo totalitário esteja encerrada nem que as conclusões estejam definitivamente estabelecidas. A campanha da "*nouvelle philosophie*" por Soljenitsin e pela dissidência anti-soviética impôs, decerto, uma discussão geral. Basta ler os diálogos entre Sartre e Benny Lévy[48] para notar que a questão é tão-somente esta, ao preço de um questionamento radical do revolucionarismo ainda marxizante da *Crítica da razão dialética*[49] do mestre. Entre 1974 e 1985, toda a Fran-

[47]Pascal, *Pensamentos*, 385.
[48]Benny Lévy, líder da Esquerda Proletária (anarcomaoísta) depois de Maio de 68, tornou-se, após a dissolução, secretário de J.-P. Sartre em *Pouvoir e Liberté, cahiers*, Verdier, 2007.
[49]Gallimard, col. Bibliothèque de Philosophie, 1985.

ça intelectual repensa sua relação com a "grande revolução" e com os ativismos esquerdistas que, certo ou errado, a reivindicam. Foi o suficiente? Não acredito. Depois da queda do Muro de Berlim, correu-se para classificar o tenebroso episódio. O parêntese fecha-se com o século mais sangrento da história dos homens.

Calma: ele foi mais curto (1914-1989). Este teria sido o caso se a "negatividade" devastadora houvesse sido algemada, reduzida e arquivada no escaninho das doutrinas perversas, cujo absurdo era confirmado pelo messianismo vermelho. Com a ressalva de que ouvimos recentemente: "Eu não me canso de falar: assim como vocês se libertaram da escravidão, dos monges, dos reis e do feudalismo, devem libertar-se da mentira, da brutalidade e da capacidade devastadora do sistema capitalista." Quem disse isso? A Primeira Internacional? A Segunda? A Terceira? A Quarta? Nada disso! Foi o próprio Osama bin Laden num vídeo para comemorar o sexto aniversário da queda das torres gêmeas. As metástases do terrível século XX atormentam.

As revoluções mineiras de operários explodem em "ilusões líricas" (Malraux) antes de se revelarem mentiras ideológicas. Em vez de aplicar um programa, elas se declaram apocalípticas, tecem a mortalha do velho mundo, anunciam o nunca-visto e o paraíso na Terra... Teofania, comunhão, fé salvadora, entrada no Reino do Homem Novo, há alguma coisa a salvar nesse pandemônio místico? Por trás da negatividade absoluta dos terrores vermelhos, negros e verdes, ateus ou religiosos, nacionalistas ou planetários, com que direito supõe-se a existência de um subterrâneo "trabalho do positivo" (Benny Lévy)? Ou a obra tateante de uma liberdade para o bem (Sartre)? Ou ainda os arroubos de um messianismo sem intuição nem conceito e com isso ainda mais adorável (Derrida)? Homens de esquerda, aprendam a desistir de seus êxtases evangélicos, abandonem os falsos pudores e os antolhos e tornem-se contemporâneos dos infortúnios do mundo.

Quando ela se isola — lentamente e a contragosto — da vulgata marxista, a opinião pública dominante volta a dormir, sem se dar conta disso — sobre seus louros hegelianos. Ela aposta com o pai da dialética moderna que, uma vez pacificadas as convulsões revolucionárias, a sociedade encontrará seus marcos, referências e valores, para grande alívio dos partidários da paz e do progresso: depois da tempestade, a bonança. Que erro crasso! Setenta anos de lavagem cerebral totalitária paralisam e inibem as gerações seguintes. Prova disso, os russos de hoje, cuja maioria homenageia a memória de Stalin, seu carrasco, e referenda Putin seu herdeiro, sua "vertical" e seu desprezo pelas liberdades públicas. Prova disso, meio século de Guerra Fria. Fria no Ocidente, quente em outros lugares. Ela deslocou bilhões de terráqueos, projetados para fora das sociedades tradicionais sem alocá-los num Estado de direito, por ora inexistente. A Sociedade Universal dos Desenraizados, mais que a Organização das Nações Unidas, eis o verdadeiro rosto da humanidade no século XX.

Tucídides tem razão contra Hegel. O historiador grego analisa a dinâmica perigosa das guerras que se estendem e se aprofundam; elas trazem miséria e peste, muito longe de garantir "dialeticamente" um retorno radioso ao bom senso. Guerra entre cidades, guerra na cidade, guerra no interior de cada um, a espiral de uma vertigem disseminada ameaça desembocar numa confusão física e moral geral, marcada pela supressão dos tabus, a ausência de escrúpulos, a desordem das relações humanas que Nietzsche chama de "inversão dos valores". É nesse ponto que estamos. A extensão atual de um terrorismo sem fronteiras geográficas, políticas e éticas manifesta o quanto a peste de Tucídides prevalece sobre as redenções de Hegel.

Os pios pensamentos da esquerda européia traduzem localmente a influência sobre os cérebros de um hegelianismo altamente intrusivo. No fim da guerra de 14-18 Ernst von Salomon previra: "A guerra terminou, mas os guerreiros continuam em ação."[50] Na Alemanha, os "corpos francos" proliferaram antes de se transformarem em formações militares nazistas. Na Rússia, o coletivismo totalitário desmorona no fim do século passado, mas o homem totalitário continua presente, um regime autocrático renasce das cinzas do comunismo. Em outros lugares, vários ditadores militares e corruptos, islamistas ou não, sucedem-se sem respeito por uma população passiva, previamente aniquilada. A educação marxista planejava formar "o homem novo". Foi além de qualquer expectativa, com a ressalva de que os utopistas d'antanho teriam certa dificuldade em reconhecer seus sonhos encantados no produto final de sua bela obra.

Sade por trás de Marx

O regime concentracionário soviético programava "a reeducação pelo trabalho". Premissa moralizadora: a disciplina do labor operário repõe o detento nas trilhas da normalidade. Premissa mais sutilmente hegeliana e marxista da dialética do senhor e do escravo: enquanto os senhores do momento des-

[50] E. von Salomon, *Les Réprouvés*, Plon, 1931.

cansam e usufruem o trabalho dos outros, os escravos produzem e se reproduzem dominando a natureza, tornando-se hábeis e tecnicamente superiores. Moral edificante da fábula: o senhor preguiçoso muito naturalmente cede diante do trabalhador, que decreta sua decadência. Queimando etapas, os bolcheviques, tendo escorraçado o senhor burguês antes do prazo, educaram na base do *knut* os camponeses e proletários incapazes de satisfazer a utopia. O *gulag* pretendia-se fábrica de Prometeus socialistas, revelou-se escola do crime.

Foi também, ressalta Soljenitsin, com raríssimas exceções, a escola da insubmissão. Porém, para a imensa maioria perdida, faminta, presa, espancada, não houve redenção pelo sofrimento ou sofrimento pela dor, nada a salvar desse inferno que paralisa os corpos e esteriliza a alma. Varlam Chalamov, que gozou das delícias de dezessete anos do confinamento reeducador da Sibéria, esmiúça uma experiência negativa que, do primeiro ao último momento, leva a destruição do detento a seu termo: um trapo velho, privado de biografia, de passado, de futuro, inteiramente abandonado aos carrascos e fadado ao desaparecimento.

Ong Thong Hoeng fez seus estudos na França (como vários revolucionários da Indochina), conheceu Maio de 68, voltou ao Camboja para ajudar na "emancipação marxista" de seu país, mergulhou no inferno dos *khmers* vermelhos. Resgatado dos campos, confirma: "O lado humano desse empreendimento foi terrível. Dois terços dos meus amigos morreram. Uma parte em Tuol Sleng, mediante tortura com vistas a obrigá-los a confessar crimes imaginários, outra parte em Prey Kong, perto do campo da Terra Vermelha. Os camponeses dessa região teriam descoberto duzentos corpos. Provavelmente muitos outros foram mortos sem deixar vestígio, como a maioria dos dois milhões de cambojanos... O campo de reeducação é, para o homem, uma experiência totalmente negativa, do início ao fim. Não há nada, absolutamente nada, de positivo. Não aconselho ninguém a conhecê-lo. Ninguém fica melhor ou mais forte. O campo é uma escola de desumanização para todos."[51]

A absoluta desumanidade introduz um laço social pouco coerente com o otimismo beato. Nesse "mundo do crime", os senhores nunca se cansam de mandar. Sua indolência e seus gozos sádicos multiplicam o gosto pelo poder. "Fazer o mal é infinitamente mais atraente que fazer o bem",[52] descobre rapidamente o adolescente projetado no universo dos vigaristas. "Rapidamente adota suas maneiras, sua risada indescritivelmente impudente, suas iniciativas."

O metabolismo entre a canalha e as autoridades vermelhas constitui o pivô do sistema concentracionário. Os *kapos* do crime comum funcionam de maneira análoga nos campos nazistas. A dialética regeneradora do Senhor e do Escravo imaginada pela ideologia é substituída pela realidade sórdida da relação destrutiva entre os espertalhões e o pobre, designado como "careta" e tratado em decorrência. "Toda a psicologia da canalha repousa numa observação antiga, secular, dos espertalhões: nunca suas vítimas irão cometer — sequer conseguem pensar em cometer — os atos que eles, por sua vez, têm o prazer de perpetrar, com o coração leve e a alma tranqüila, todos os dias, a todo instante. Aí reside sua força — numa abjeção sem limites, na ausência de qualquer moral. Para os criminosos, não há nada 'demais' nisso."[53]

---

[51]Dito a Phnom Penh em janeiro de 2007, "Public Forum".
[52]Em eco, a experiência de Bommi Baumann em 1969: "Terror sem limite proporciona prazer ilimitado, eis nossa divisa", *op. cit.*, p. 94.
[53]Varlam Chalamov, *Essais sur le monde du crime*, Gallimard, col. Arcades, 1993, p. 53.

Filhos e netos de Maio de 68, radicados em sociedades relativamente prósperas e democráticas, por que se importunar com uma tão excepcional, logo exótica, experiência de desumanidade? Que ingenuidade! Chalamov cita no tribunal os grandes autores do século XIX, Victor Hugo e *Os miseráveis*, Dostoievski e *Recordações da casa dos mortos*. Acusa-os de amenizar a perversidade dos criminosos, quando não enaltecem sua estatura de orgulhosos rebeldes ou justiceiros tipo Robin Hood ou Che Guevara. Os luminares do século XIX não podiam prever a amplitude de uma fusão que amalgama ao século XX as políticas fascistas negras ou vermelhas e o *underworld* do banditismo, os olhos molhados pelo amor romântico ao "rebelde" embaralharam sua visão.

Considerar lucidamente a extensão pós-Guerra Fria de um niilismo planetário ou dormir em pé, esta é a polêmica final que dividirá até a morte os sobreviventes dispersados do Maio parisiense. Como puderam os insurgentes, antes alegres e generosos, assistir, sem sentir um arrepio, a doze anos de opressão de um povo solitário, o único "enquanto povo" que, em sua totalidade deportado por Stalin, nunca se dobrou a seus carrascos, elogia Soljenitsin. Veteranos de Maio de 68, partidários da esquerda, e orgulhosos de sê-lo, digam-me quantas Guernica na Chechênia passaram à sua frente sem maiores sobressaltos?[54]

---

[54]Aqueles que pudessem se espantar ao ver, de doze anos para cá, o quanto me obseda o sofrimento dos chechenos, que descubram como eu, em *O arquipélago Gulag*, sua trágica e infinita resistência aos carrascos. Soljenitsin, que esbarrou com eles nos campos de detenção para onde foram todos deportados, escreve respeitosamente: "Existe uma nação sobre a qual a psicologia da submissão permaneceu sem efeito algum; não indivíduos isolados, rebeldes, não: a nação inteira. São os chechenos... Nunca, em lugar algum, os chechenos tentaram agradar às autoridades: sua atitude era sempre altiva, e até mesmo hostil..."

Não basta incriminar injustamente uma secura de coração qualquer. Muito mais insuportável é a delicadeza desfraldada de quem não tem segundas intenções e se gaba disso. A açucarada insensibilidade ao mal gera indiferença nos infelizes. A paralisia do coração alimenta-se da preguiça de imaginar. Basta pregar, caridosamente, marxistamente, esquerdistamente, cristãmente, boas razões ao incendiário de ônibus para justificar o jovem criminoso e esquecer a adolescente incendiada. Basta postular que em tudo se dá um jeito e não se incomodar com coisa alguma. Por mais confuso, disparatado e delirante tenha sido Maio de 68, o acontecimento nasceu de uma recusa global de velar seu rosto. Será que ele precisa, para terminar, extinguir-se nas pudicícias e nos eufemismos, por todos os motivos outrora criticados nas gerações precedentes?

A incipiência da esquerda européia mostrou-se ostensiva e ridiculamente na cúpula de Viena em dezembro de 98. Pela primeira vez, não obstante as exceções espanhola e irlandesa, os chefes de governo da União Européia estavam do mesmo lado, bruxuleando entre rosa-claro, rosa-vermelho e rosa-verde. Nenhuma fratura ideológica os constrangia. À vontade, portanto. Porém, o balanço da reunião nos deixou pasmos. Espantados apesar de tudo, Schröder e D'Alema, sem se cumprimentarem, gemeram *a posteriori* nos microfones: dedicamos ao destino dos *duty free* nos aeroportos (devemos suprimi-los imediatamente ou dentro de dois anos?) mais tempo que ao naufrágio da Rússia — ou seja, o rublo em queda livre, 42 milhões de russos mergulhados na miséria absoluta, sem salários nem calefação, mas cortejos de crianças erran do pelo inverno siberiano... Isenção de impostos: urgência absoluta, objeto de nossas providências. Abismos pós-comunistas: a menor de nossas preocupações. O *crack* da Bolsa de julho-agosto soou o dobre das reformas em Moscou, provocou a substituição de Ieltsin pelo senhor dos serviços secretos, anunciou a nova glaciação da Rússia inteira e a segunda ofensiva devastadora no Cáucaso, e daí! Nossa esquerda abúlica girava na bolha de seu egoísmo. Determinada a permanecer míope até o fim, ela meditava sobre o futuro da velha luta segundo critérios municipais e corporativistas — a supressão dos *duty free* concernia dois mil empregados.

Desde então, persiste o vácuo. Nada sobre a independência energética, rosas e verdes preferem Putin e seu petróleo à energia nuclear. Nada dos desafios transcontinentais do terrorismo, sonha-se: com Bush fora, os perigos sumirão com ele. Nada sobre a concorrência das potências emergentes, tolera-se que a China explore uma mão-de-obra servil, ainda mais sub-remunerada na medida em que privada de garantias e direitos elementares. A esquerda européia não mudou, promete uma viagem para Citera, mas o piloto automático que ela improvisa condena a Europa a vegetar desarmada, como se o mundo exterior não nos dissesse respeito. Uma solução: a eutanásia!

Depois de espernear, vituperar e berrar longamente contra Maio de 68, a esquerda resolveu apoderar-se dele. Fetichizou a não-violência, o lado bom filho, gabou-se de descobrir nele o segredo de uma sociedade reformada pelo *soft power* dos evangelhos socialistas, celebrou a aurora de um pacifismo completamente terreno ao prometer reunificar o planeta sem dor. Em suma, coloriu, segundo seu hábito, de *rose sur rose* o presente e o futuro da humanidade, atribuindo ao belo mês de Maio a introdução ao melhor dos mundos.

Na Alemanha, a operação castelo de areia atingiu sua intensidade máxima quando os verdes ecologistas, supostos detentores da herança sagrada, desposaram os socialdemocratas sob os auspícios do chanceler Schröder. O grande homem vendeu-se ao Kremlin e, uma vez na vida, viu-se à paisana, grão-contínuo da Gazprom e vassalo do petroczar Putin. Nosso virtuoso socialista havia dedicado as duas últimas semanas de seu magistério supremo a selar uma aliança Berlim-Moscou que devia lhe render muitos frutos. Com o risco de lesar os povos europeus recém-emancipados do império soviético. Diretamente elaborado contra os países bálticos, Polônia e Ucrânia deixadas fora do circuito, o projeto de um gasoduto submarino no Báltico foi acelerado, o Estado alemão indenizando com seus denários os industriais contra os riscos inerentes à construção. Mais abertamente corrupto, impossível imaginar! Tudo se passa como se o chanceler houvesse pilhado caixas da República Federal para alimentar a tesouraria do truste russo, no qual ele reina um mês mais tarde.

"Isso fede!", exclamou uma deputada verde. Alguns jornais populares fizeram um estardalhaço, depois mais nada. Os amáveis "contestadores", de bico fechado. Mesmo silêncio quando o Kremlin massacra no Cáucaso dez anos a fio ou esgana as magras liberdades públicas. Nossos "liberais-libertários" parecem, salvo rara exceção, todos áfonos desde que a grande Rússia, herdeira dos sovietes, está em pauta. Vladimir Putin, ex-subcoronel da KGB, goza de uma imunidade moral de causar inveja a George Bush. As gerações se sucedem e se assemelham. Sucedendo os atentados antiamericanos do bando em Baader, as passeatas de protesto contra os incendiários de Washington transbordam de gente, de década para década, quando ninguém tem olhos para o desespero dos chechenos, bielo-russos e russos. Os ucranianos e georgianos, ao se libertarem de seus grilhões moscovitas, não encontram nem solidariedade nem apoio nos esquerdistas.

A consciência limpa voltou a imperar. Uma lembrança congelada — o espírito de Maio — tempera com um punhado de radicalismo antiamericano e um verniz de antinuclear um retorno respeitoso à ordem moral. Schröder é filho do povo, um líder de esquerda, um patriota. Quem ousaria qualificar esse homem de patife corrupto? Melhor baixar os olhos, torcer o nariz e passar a assuntos bem mais edificantes. Na Páscoa, venham aos magotes participar das passeatas pela paz, verão que não existe nada disso de Grozni, capital arrasada na aurora do novo milênio por um exército europeu. Grande estréia depois de Varsóvia 1944!

Os contestadores renunciaram às suas prerrogativas e repetiram a palavra de ordem de seus antecessores: *Wegschauen!* Olhem para o lado! Morram! Anestesiem suas almas! Tive uma grande esperança quando Joschka Fischer, um amigo de trinta anos, foi na contramão do seu pacifismo radical e preconizou uma intervenção armada, européia e americana, para deter a limpeza étnica promovida pelo criminoso Milosevic. Melhor a guerra que o extermínio.[55] Esse agradável susto durou o que duram as rosas, o lapso de um instante. Nomeado ministro das Relações Exteriores, Fischer, sem náusea visível, submeteu-se prontamente a Schröder. A ruptura antitotalitária meramente esboçada vai para o beleléu. Verdes, socialistas, esquerdas radicais voltam a se embrenhar em suas idéias fixas e paraísos artificiais. Apenas Angela

[55]Paul Berman, *Cours vite, camarade! La génération 68 et le pouvoir*, Denoël, 2006, p. 85s.

Merkel não passa a mão na cabeça do assassino do Cáucaso. A chanceler sabe do que se trata, criada sob a ameaça das polícias políticas, em especial da Stasi. Na França, quinze anos de presidência mitterrandiana quase chumbaram as questões levantadas por Maio de 68 com um "tudo vai bem quando termina bem" hegeliano. Mais que nunca a esquerda cultiva a nostalgia do hábil manipulador, reservando-se o direito de ocultar um balanço interior e exterior dos mais lamentáveis. Como se houvesse bastado ao socialismo continental registrar com atraso a debandada do comunismo para reconstruir uma saúde ideológica e recuperar uma juventude militante.

Filhos bem-comportados de Maio de 68, durmam tranqüilos, a esquerda reconhecida contempla em vocês sua existência extraterrestre. Ela se apoderou da herança, capitalizou as lembranças segundo diversos organogramas alterglobalistas, ecologistas e eleitoreiros. Entre a múmia de Lenin no Kremlin e a Bernadette de gesso da gruta de Lourdes, estamos bem.

Uma certa idéia filosófica da França

"Bastou que um homem agisse fora dos trâmites oficiais para que os franceses caminhassem, mas o frio também foi importante. Sem o frio, nada de *Abbé* Pierre!... Quando a França sentir frio, também eu poderei agir."

Charles de Gaulle, 1953

"Eles haviam tentado impingir que a vítima contava menos que o delinqüente. Haviam tentado impingir que não podia existir nenhuma hierarquia dos valores. Haviam proclamado que tudo é permitido."

Nicolas Sarkozy, 29 de abril de 2007

Um único imperativo de Maio continua a brilhar intocado e intocável. Impossível modular sua aceitação em função das circunstâncias históricas e políticas cambiantes. Inútil amortecer seu gume a pretexto de uma adaptação aos gostos e cores na moda. A pureza da injunção não sofre nenhuma restrição: "Não quero morrer idiota." Assinalemos essa singular primeira pessoa saída de uma salada de grupos e grupelhos em fusão, dispostos a se proclamar pomposamente "geração" e abusando de um "nós" que combina com qualquer molho. Por trás do exibicionismo e da paródia dos consensos aleatórios e efêmeros, Maio de 68 solidariza-se com os adolescentes solitários. "Quem obedece a um outro, não obedece a nada, inclusive não procura nada."[56]

A vontade de escapar à "idiotia" foi uma certidão de nascimento e uma assinatura. Os velhos compromissos dos adultos exalavam um perfume salobro de má-fé. Sartre apresentava-se como companheiro de estrada dos comunistas. Como um garçom de bar apresenta-se como garçom de bar. Os gaullistas alardeavam a honra de suas aventuras furiosamente pessoais contra o privilégio artificioso de ter encarnado uma inexistente unanimidade patriota. A rejeição das fabulações históricas pelos *baby-boomers* do pós-guerra foi muito prontamente classificada no registro de uma "crise edipiana", típica do adolescente que se afirma, como sabemos, pelo assassinato do pai. Tal diagnóstico genérico marca, há séculos, a originalidade de uma vontade de verdade tipicamente francesa. Na Alemanha, os "jovens" apontavam nos "velhos" um pecado essencialmente moral: pactuar com o diabo e recusar-se a admiti-lo. Na Itália, a velha esquerda comunista era interpelada por sua falta de brio, já que não aplicava os princípios radicais — o álbum de família — por ela reivindicados. Na França, onde nem o bem nem o belo são exigências supremas, a contestação opõe à vida na mentira a busca incessantemente renovada da verdade.

Nada muito clássico nisto. Quando seu pai lhe pede para traduzir um teólogo — o neoplatônico Raymond Sebond —, o jovem Montaigne põe mãos à obra como testemunho de afeição. Mais tarde, nem por isso deixa de dedicar o mais volumoso e fundamental capítulo dos *Ensaios* à crítica im-

[56]Montaigne, "Da instituição dos filhos", *in Ensaios*, I, 26.

placável do favorito de seu pai.[57] Em busca de "razões mais fortes" que a do teólogo, conclui pela "presunção" da razão teológica. "A doença do homem é a vaidade de saber."

A prometida apologia de Raymond Sebond descamba para o elogio de Sócrates, em quem Montaigne reconhece a descoberta do seu "o que sei?". A meditação crítica das elevações espirituais do guru paterno termina num impasse: "Os dois caminhos naturais para se entrar no gabinete dos deuses... são a fúria e o sono." Tanto para os "radicais" como para os "pacifistas", duas estradas a evitar. O rompimento com o pai, ainda que se efetue com bastante cordialidade, recobre um distanciamento radical em relação ao divino, "os deuses têm a saúde como essência, diz a filosofia, e a doença como inteligência. O homem, em contrapartida, possui seus bens por capricho, seus males por essência". Esta é a lição oferecida ao pai, que será reiterada de geração em geração. O "bem" é do âmbito da fantasia e do arbitrário. O mal toca no essencial e nos educa pela negativa. "O horror à crueldade me faz mais clemente do que qualquer apregoador de clemência o faria."

Frustra-se aquele que pede uma tábua de valores a Maio de 68. É possível sugerir dezenas, seria o mesmo que nenhuma. Em compensação, a virtude dos desenraizados, da época e de hoje, reside no senso da honra, secundariamente, e no do horror, em primeiro lugar: rechaçar a crueldade e a mentira. Montaigne diria: "Aprendo melhor por contrariedade do que por exemplo e por fuga do que por obediência."

Por que a leitura (ou releitura) de Montaigne esclarece a filiação filosófica do Maio francês? Os *Ensaios* tiram, no calor do momento, lições de uma época dedicada às guerras e

[57] "Apologia de Raymond Sebond", *in Ensaios*, II, 12.

teologias cruéis. Nossa época combinou fúrias análogas e outras cegueiras ideológicas com uma demência e banhos de sangue que as Guerras de Religião ainda ignoravam. No início dos Tempos Modernos, no século XVI, matou-se em nome de Deus, e a França quase sucumbiu. Montaigne foi testemunha lúcida do fim possível de um mundo, o seu. A partir de seus grandiosos *Ensaios*, a França não é mais a primogênita da Igreja, mas da filosofia. Em 1945, data aproximada do nascimento dos filhos de 68, a extenuação global da aventura humana tornara-se uma prosaica e indelével possibilidade. Hiroshima anuncia a capacidade técnica de uma extinção geral da vida. A abertura dos campos da morte, Auschwitz, revela a capacidade psicológica de exterminar a todos até o último dos inocentes. Sartre, dentre outros, assim formulou o inédito pavor: a humanidade "é responsável por sua vida e sua morte: ela precisa consentir em viver a cada dia, a cada minuto".[58]

Um quarto de século mais tarde, tempo de os sessenta-e-oitistas aprenderem a viver, o filósofo católico Jean Guitton reiterava o alarme: "Doravante a metafísica e a moral não estão mais confinadas nas consciências privadas. Elas deixam o recôndito das consciências e dos oratórios. Inscrevem-se na experiência, na política, nos problemas internacionais, nos cálculos estratégicos. O absoluto desceu à terra pela via do terror. Uma evidência vai substituir a fé. O razoável é exigível sob pena de morte. Perigo de vida. Estas palavras estão inscritas (invisivelmente) em toda parte."[59]

---

[58]Jean-Paul Sartre, outubro de 1945; reproduzido em *Situations III*, Gallimard, 1949, p. 69.

[59]Jean Guitton, *La Pensée et la Guerre*, Desclée de Brouwer, 1969, p. 218.

Nada se compreenderá da dramática primavera parisiense caso se esqueça que ela foi vivida à beira do abismo. Mais insuperável que os marxismos e as revoluções sangüinárias, impunha-se o horizonte de um apocalipse seco, término virtual, banal e sem glória da condição humana.

A nova responsabilidade é um fardo pesado. As diversas saídas — ressurreição dos dogmas, pós-filosofia, sentimentalidade de esquerda — não permitem encontrar a segurança e a consciência tranqüila das providências religiosas ou seculares de outros tempos. Ser ávido por consolação não consola. Montaigne mais uma vez: "Ridícula fé que não crê no que crê por não ter coragem de descrer." Convém desaprender a ter esperança no que se verifica sem esperança, ainda que tenhamos que esquecer Billancourt, Saint-Germain-des-Prés e a boa imagem que ostentamos de nós. O sessenta-e-oitista desaprende com mais facilidade as ilusões de seus pais na medida em que não se livrou daquelas com que enfeitava seu desenraizamento. Pôs-se a cultivar, como vimos, a pior delas: a fantasia da inexistência do mal.

A extirpação sistemática do sentimento do insuportável funda a nebulosa "permissividade" com que Nicolas Sarkozy e tantos outros preocupavam-se, não sem razão. Seriam os engajados e fanáticos de Maio de 68 paradoxalmente responsáveis pelo "tudo é permitido", eles que repetiam sem parar: "Quando é insuportável, ninguém suporta mais!"?

Distinguir.

Sim ao relativismo: a contestação das normas dominantes da velha França e da velha guarda varreu sem-cerimônia muitos preconceitos. Nada de mais: esse "relativismo", referente aos "valores" que governam a vida privada e pública dos adultos, é a mais tradicional das tradições francesas. Os historiadores não registraram o quanto o desrespeito rabelaisiano pelos dogmas religiosos era moeda corrente nas piadas e chistes dos monges e padrecos da Idade Média? A insolência que vira a sociedade de cabeça para baixo no *Roman de Renart* nada tem a invejar dos *slogans* e transgressões pichadas nos muros da Sorbonne um milênio e meio mais tarde. À irônica "Faça o que quiser", que domina a abadia de Thélème, corresponde um paradoxal "É proibido proibir". E Dany ainda acrescenta: "Proibido proibir proibir." Ao epicurismo de Gargântua, corresponde, nem mais nem menos provocador, "Gozem sem freios!". As lições de moral e decoro, ministradas pelos professores de hoje aos pilantras da época, atestam um assustador analfabetismo cultural. Na França, é preferível evitar prender Voltaire e censurar Rabelais ou François Villon.

Não ao niilismo: malucos ou revolucionários em potencial, os insurgentes de 68 não recaíam, alguns ainda não, no recalcamento de um "mal absoluto" (que Sartre o ateu e Maritain o católico enunciam juntos diante da revelação dos campos da morte). Em contrapartida, a partir do momento em que "Kolyma" e "Auschwitz" são rotulados como "dentes cariados", conceito repugnante à delicadeza do pensamento pós-moderno, abre-se uma via régia à permissividade niilista. A cada um sua pazinha e seu ancinho, a cada um sua interpretação, no pós-Maio, dos castelos de areia e do "estou me lixando" generalizado.

O Maio francês expandiu-se, sem-cerimônia, para a Europa. Ele participava do impulso inicial que inspirou os construtores do pós-45. Dentre os pais fundadores, democrata-cristãos, socialdemocratas, resistentes ou patriotas de confissões múltiplas, a comunhão em matéria de valores supremos estava excluída da missa — crentes e agnósticos, esquerdas e direitas diversamente matizadas não se haviam acomodado mentalmente. Todos, em contrapartida, reivindicavam a democracia representativa à maneira de Churchill: "O pior dos regimes à exceção de todos os outros." A união em torno do "menos pior" cimentava as energias porque na época o "pior" tinha uma cor e um sabor que não escapavam a ninguém.

O pior número um era, a título póstumo, Hitler; por conseguinte, estavam banidos os maus gênios que o haviam apadrinhado: o ultranacionalismo, o racismo, o anti-semitismo, a intolerância raivosa. O pior número dois era Stalin e os regimes totalitários vermelhos, os devoradores de homens que proliferavam por trás da Cortina de Ferro. O pior número três, mais discretamente condenado, eram os pequenos e grandes impérios coloniais: por uma regra implícita, a integração européia exigia, sem exceção, dos membros da Comunidade, que cessassem suas ofensivas colonialistas e abandonassem suas possessões de além-mar. Em suma, o Velho Continente não se unificava no céu imaculado dos valores "positivos". Sua profissão de fé coletivizava três recusas, era antifascista, anticomunista, anticolonialista. Essa ética traduzia a vontade comum de erguer barricadas contra os infernos do século XX, os sessenta-e-oitistas reconheceram-se nisso espontaneamente, ao contrário dos "pós"-sessenta-e-oitistas, que permanecerão incuráveis.

Na ausência de uma concordância prévia acerca dos males e infortúnios a serem evitados, os ideólogos e seus programas políticos agitam-se no imponderável como a pomba de Kant, que voaria incrivelmente rápido uma vez suprimida a resistência do ar. A abolição *a priori* das possibilidades de entendimento sobre — isto é, contra — os perigos que ameaçam remete cada indivíduo à aranha que habita seu cérebro. Se o mal não existe, não existe comunidade de destino. Se todos são escravos do acaso de seu nascimento, todos tornam-se autistas ou comunitaristas, mas nunca homem entre homens, nunca parceiro de uma condição humana, nunca capaz de debater perigos, chances e resistência.

Distinguir mais uma vez.

Há "o espírito de Maio", pacote de certezas amarrado por herdeiros desencantados ou ex-combatentes exauridos. No lado oposto, há "a experiência filosófica" de Maio, a luta contínua que pega de surpresa o enraizamento em *trompe l'oeil* de desenraizados sempre de partida. Uma faixa etária é batizada como "geração" porque está às voltas com as mesmas questões, não porque programa as mesmas respostas. Os jovens "socratizantes" de Atenas escandalizavam, quando, em plena rua, ousavam debater sem pudor nem cerimônia "grandes temas", a virtude, a justiça, a beleza... Não escondiam seus embaraços e tampouco o prazer que sentiam em embaraçar os outros, doutos religiosos e políticos. Na seqüência, distinguiram-se, opuseram facções contra facções e se condenaram mutuamente. Assim terminam as "gerações" que uma comunidade de problemas soldou, depois, uma vez respondidas as perguntas, esgarçou. Assim progridem as experiências da liberdade, que tornam cada um responsável por seus movimentos e juiz do movimento de seus *alter egos*.

Não merece senão desprezo uma experiência que não se conclui pela construção de uma nova tábua política ou religiosa dos valores? Em nome dos dogmas de antes de Maio, chovem condenações. Em virtude das certezas pós-modernas, não menos. Uns estigmatizam a ausência de respostas, outros censuram as próprias questões, "grandiosas demais" para serem autorizadas. Diante dessa dupla injunção a fechar o bico e fazer silêncio, mais uma vez vale mais a pena reivindicar a sabedoria "negativa" cara a Sócrates, o qual distingue com rigor, citando Protágoras, sábio professor e sofista,[60] três tipos de aprendizagem da verdade.

Um primeiro modo de conhecimento espontâneo e universal, no que se refere a falar em sua língua materna, aprendemos primeiro com os pais, depois, se necessário, consultamos um gramático ou poeta. Um segundo modo de saber, mais específico ou técnico, advém de diversos peritos — quem deseja se iniciar na pesca solicita uma pessoa experiente. Em contrapartida, tratando-se de grandes temas (*ta megala*) — o belo, o bem, a verdade —, a concordância espontânea não está garantida e os peritos, mais que controversos: todos julgam saber a verdade real, por conseguinte as opiniões se chocam e as facas se aguçam. Pelo menos enquanto um terceiro modo de conhecimento de si, "o conhecimento de si", não levar a todos, cientista, sofista ou simples cidadão, a uma ignorância que ele se negava a se confessar.

Caso nº 1: os comunitaristas de diversas fontes acreditam ou impingem que seus valores florescem espontaneamente, eternamente, como uma língua materna (primeiro modo de conhecimento). Cabe à comunidade dos proletários, trabalhadores, homens de fé ou patriotas impor, sem barganhar, seus ideais comunistas, socialistas, islamitas, nacionalistas, com o suposto objetivo de reconciliar a sociedade e calar o vilão perturbador, o outro satânico, capitalista, ímpio, estrangeiro, judeu...

Caso nº 2: o pós-moderno, ao contrário, banca o perito. Culpa as grandes ideologias pelo fracasso, as que constroem

[60]Platão, *Protágoras*, 327a.

as comunidades fechadas a partir da ciência ("Trabalhadores de todo o mundo, que estão esperando para se unir?") ou aquelas, racistas, que produziam a boa ciência a partir da comunidade. Conclui bravamente (segundo modo de conhecimento de praxe) que, na ausência de qualquer desenlace espontâneo ou técnico e voluntarista, o melhor é abandonar as "grandes questões" e os "grandes relatos" à sua insolubilidade. A pós-modernidade não abandonou as convicções de outrora, ela as respeita no vazio: uma vez que elas fracassaram, não é mais possível nem concebível nada de verdade, senão o nada. Todo laço social torna-se assim cabalmente niilista; nasce pela brutalidade sem lei de uma força arbitrária; mantém-se pela passividade indiferente de uma fraqueza cúmplice. Fora do niilismo ativo ou passivo não há salvação.

Caso nº 3: a filosofia, terceiro modo de conhecimento na medida em que procede de Sócrates, não se prende ao dilema que opõe crença dogmática e cinismo pós-moderno. Ela extrai, que paradoxo!, seu último recurso do desenraizamento que desvela a ausência de referências e o esgotamento dos valores reputados supremos. A filosofia recusa-se a engolir sua certidão de nascimento. Intimá-la a abandonar suas interrogações, a pretexto de que nem a língua materna nem uma ciência todo-poderosa trarão respostas, é absurdo: ela nasce precisamente porque não havia solução a buscar desse lado. Em sua esteira, o levante de 68 não pode ser castigado por um pecado que não existe. Sim, ele não pariu uma nova ordem social definitiva, nem um catecismo político, religioso ou agnóstico, moral ou niilista. O mérito da experiência, muito pelo contrário, reside em sua recusa a se satisfazer com um sermão edificante ou destruidor. Conhecer-se a si mesmo é reconhecer que não sou Deus.

Em sua investigação do terceiro tipo, Sócrates nos projeta na esfera onde se desenrola, desde a Atenas clássica, o destino de nossa civilização: verdade, justiça, liberdade e, inversamente, servidão, ditadura, mentira, inúmeras bagatelas e ninharias pelas quais vivemos ou morremos. A discordância sobre esses "grandes assuntos" não se deve de forma alguma ao acaso das circunstâncias ou dos *castings*, ela é constante na sociedade ocidental. Longe de manifestar sua perversão, ela constitui sua dinâmica e a mola de uma renovação permanente. Fracassar em fixar de uma vez por todas os "valores supremos" não é um fracasso, mas uma luz.

As cidades que se imobilizam na adoração de um Soberano Bem, imortal e fixo, não são deste mundo, ou então vegetam, apodrecem de pé e apodrecem a vida. Nesse sentido, o comunismo, o fascismo, o islamismo, *dubito ergo cogito*, "duvido, logo penso", os primeiros diálogos, onde Sócrates aparece, são "aporéticos", isto é, sem saída. As primeiras meditações de Descartes evocam um gênio do mal e um deus ludibriador. Salman Rushdie imagina um Espírito Mau interpolando versos satânicos no texto sagrado. Maio de 68 coloca mais perguntas do que responde. Melhor assim!

Se nos priva de soluções absolutas, o Sócrates ocidental elabora, ao contrário das religiões e das ideologias, um método para prescindir delas, no sentido em que Hölderlin lança, como por inadvertência, após uma longa hesitação: "A falta de Deus ajuda." Os desenraizados de Maio de 68 não inventaram a debandada diante das convicções estabelecidas e dos egoísmos arrogantes, mas reabilitaram a legitimidade de uma revolta mais antiga que eles próprios. Platão apresenta gaiatamente, o que não se tornará um hábito, um jovem Sócrates iniciante, ingênuo e pretensioso, que toma grandes ares e sabe tudo. O aprendiz filósofo vai tropeçando alegremente nos valores supremos, coisas belas remetem-no sem hesitação à Idéia de Beleza, coisas verdadeiras ao Ideal de Verdade, e ele próprio instala-se no topo dessa pirâmide de idéias, senhor da Idéia da Idéia. Interrompendo essa impressionante demonstração de platonismo angelical, o velho Parmênides[61] objeta com malícia: "O que você faz com a Idéia de unha, de sabugo, de raspa, de podridão? Onde as instala no seu Panteão?" Boquiaberto e sem voz, o simpático calouro volta a seus diletos estudos. Um cidadão que não se confronta com a negatividade de Tífon ainda não pensa. O mérito do desmancha-prazeres de quarenta anos atrás é atrever-se a interpelar seus demônios, ao risco de, às vezes, desorientar-se.

Meditemos uma última vez a respeito dessa elevada verdade do Maio francês, proferida desde os primeiros dias: "Somos todos judeus alemães." O *slogan*, mais verdadeiro que a estatística e as certidões de nascimento, elevava-se à altura da apóstrofe de Valéry depois de 14-18: "Nós, civilizações, sabemos agora que somos mortais." Mortais (como as populações judaicas da Europa), mas também assassinas (como as instituições ou academias alemãs às voltas com o nazismo), acrescentaram aqueles que se exercitavam ingenuamente em encarar o mal de frente. Nem a guerra, nem o massacre dos inocentes, nem a escravidão foram invenções ocidentais. Assim que teve os recursos e a oportunidade, o homem enfiou seu machado de sílex na testa do vizinho e incendiou as cabanas das redondezas. A liberdade para matar campeia na Amazônia não menos que na Grécia Antiga, com a ressalva de que esta última questionou os "bons" motivos mitológicos,

[61]Platão, *Parmênides*, 130c-d.

religiosos e tradicionais que dissimulam uma violência sacrificial, homicida e suicida, incessantemente ameaçadora. Desnudada e consolidada como tal, a liberdade combatente revela-se, voluntariamente ou não, portadora de um fim de mundo possível, simbolizado por Tróia riscada do mapa. O extermínio final, bebês inclusive, primeiro genocídio (literário, claro) evocado por Homero, introduz a humanidade ocidental numa fúria puramente humana e consciente de si mesma.

Essa ameaça de apocalipse monótono, em absoluto redimida pelo retorno da harmonia profana ou pelo advento de uma Jerusalém celeste, foi uma revelação, talvez a única que a nossa civilização enuncia desde sua origem e não raro procura esquecer. A possibilidade de um fim da humanidade consumado pelo homem, sob sua própria responsabilidade, é afirmada pelo Ocidente nascente. Quase três milênios depois que essa bomba espiritual sacudiu o mundo homérico, Hiroshima, Nagasaki e os três genocídios do século XX, armênios, judeus e tútsis confirmaram o já sabido.

A experiência da liberdade é angustiante para aqueles que ainda se agarram às verdades eternas, transmitidas por tradições prestes a morrer. Nem por isso deixa de ser penosa para aqueles que, com ela, tentam subir a escarpa de uma violência sem fim. "No coração das trevas", não somos obrigados a reconhecer, com Joseph Conrad, como uma possibilidade humana, logo nossa, as extraordinárias crueldades que uma consciência limpa pouco atenta bane como pré-históricas ou considera exóticas? Uma liberdade para o mal, para o erro, para o horror e o terror assombra as criações mais sublimes e as prosperidades mais sedutoras da humanidade em vias de globalização.

A experiência da liberdade não decide, de uma vez por todas, entre o progresso e o declínio. Ela permanece capaz e culpada de ambos. Sempre na encruzilhada. Sempre, por conseguinte, trágica. A aventura grega de uma luta pela liberdade em nome da liberdade estende-se através de Maio de 68. Com a condição de se ousar pensar a liberdade do homem como "o abismo mais profundo e o céu mais elevado" (Schelling).

ATO IV

Elogio da subversão permanente

por Raphaël Glucksmann

"É o fim do mundo deles, o início do nosso", declara Olga Kuzmenko, 69 anos, olhando pelas janelas iluminadas do gabinete dos ministros. Estamos em Kiev, uma onda laranja estoura aos pés dos prédios cinzentos que abrigam o poder ucraniano. A ex-professora de russo distribui *bortsch* aos jovens ativistas da barreira da rua Hrushevskovo: "Veja, até hoje nunca conseguimos escrever a nossa história por nós mesmos. Graças a essas crianças, temos enfim uma caneta e o futuro se abre como uma folha em branco." Um padre com a cara alucinada e a dicção frenética intromete-se na discussão: "Sêneca, acho que foi ele, sentia pena das pessoas que vivem em períodos turbulentos. Meu Deus, como ele estava errado! Que presente dos céus! Somos abençoados por viver uma turbulência tão grande. Pois somos livres! Oh, Deus, faça que essa turbulência continue eternamente!"

O mundo está de pernas para o ar: está em revolução. Centenas de barracas instalam-se no Kreshyuatik, os Champs-Élysées locais. Os teatros, museus, o ex-Centro Lenin e a prefeitura transformam-se em dormitórios gigantes. Grupos de estudantes substituem a polícia e a criminalidade cai em 70%. Nos *checkpoints* espetados na cidade, rapazes de 20 anos com a voz mansa e o corpo frágil controlam os papéis dos gordos coronéis soviéticos desamparados, enquanto garotas esplêndidas se sacodem ao som do hino *hip-hop* da revolta. Os casamentos são celebrados na rua. *Slogans* e caricaturas enfeitam os muros, comícios e concertos são improvisados todas as horas do dia e da noite. Torpedos e *websites* a todo vapor, a Ucrânia vive seu 68 em pleno inverno, um "gigantesco festival revolucionário", segundo as palavras do astro de rock Oleg Skripka. "Espetáculo sublime", com certeza.

Você tem razão: o abandono da Grande Noite não matou a idéia de revolução, transformou-a, renovou-a. As insurreições coloridas que sacodem o Leste europeu têm muito do modelo inventado em Paris num doce mês de maio. O que ele nos ensina sobre nossas sociedades?

"Eu gozo com as pedras das ruas", proclama o fanático de 1968. Para além das depressões pós-modernas, as nostalgias pós-marxistas, os autismos pós-históricos, convido o leitor a viajar ao coração da aventura subversiva contemporânea para saborear as deliciosas vertigens de um mundo em revolução permanente.

A revolução deve deixar de ser para existir[1]

Viajei para Kiev[2] com o livro de Curzio Malaparte, *Técnica do golpe de Estado*,[3] na cabeça. Logo me vi obrigado a perder minhas ilusões: a revolução, em nossos dias, não tem mais nada a ver com o velho esquema bolchevique. Ao substituir a "tática insurrecional" militar-trotskista pelo impulso popular espontâneo, ela é imprevisível: "A Revolução laranja é uma surpresa, inclusive para aqueles que a planejaram", constata o filósofo e veterano dissidente Popovitch. "O que deu na cabeça de cada cidadão para que o encontro de todas as revoltas individuais e coletivas tenha se dado neste instante preciso? Ninguém é capaz de responder. É fantástico."

Michel Recanati, incansável ativista da JCR, exclama em 17 de março de 1968: "Porra, nunca acontece nada neste país!"[4] Cinco dias mais tarde, tudo começa. Meus amigos jornalistas, políticos, estudantes ucranianos, todos da oposição, não dizem outra coisa no verão de 2004, julgando seus concidadãos "apáticos". A revolução contemporânea é "uma

[1]*Slogan* em parede do hall A da Universidade de Nanterre.
[2]Co-diretor e co-autor do filme *Orange 2004, histoire d'une révolution européenne*, David Hazan viveu essa magnífica experiência a meu lado do início ao fim. Utilizo a primeira pessoa do singular simplesmente para não envolver seu nome nas minhas reflexões pessoais.
[3]Grasset, col. Les Cahiers Rouges, 1992.
[4]Em *La défaite dépasse toutes nos esperances*, Plon, 2006, p. 181. Como veremos, trata-se de um título realmente luminoso para evocar Maio de 68 e todas as revoluções que se seguiram.

surpresa", um "acidente sociológico" (Morin), um acontecimento que não se encaixa em nenhuma grade de interpretação preexistente: um acontecimento que exige "dar livre curso à perplexidade" (Lefort). Seu surgimento é vivido e pensado poética ou filosoficamente antes de ser analisado histórica ou politicamente.

"Chega de ação, queremos palavras"[5]

"Aqui, espontaneamos."[6] Desde as primeiras horas da insurreição ucraniana, as organizações que a planejaram são ultrapassadas pelos acontecimentos. Uma gigantesca balbúrdia autogerida desempenha a função de "tática". Dos arcanos do poder nos quartéis-generais da oposição, um número incalculável de roteiros havia sido elaborado. Em vão. Diretor de Ucrânia 3000, órgão de coleta de fundos e *think tank* do movimento laranja, Andrei Mirochnichenko declara: "Dos setenta *scripts* que escrevemos na véspera do segundo turno antecipando a fraude, o levante popular é o *script número dois*, mas já pertence, como havíamos cogitado, a uma outra era. Adiamos todos os nossos planos e estabelecemos roteiros não para os dias, mas para as horas que se sucedem. E mais que isso, vários ao mesmo tempo, ignorando o que a base vai inventar de fato." Os financiamentos previstos são insuficientes, as estratégias, obsoletas, as palavras de ordem forjadas, caducas. O povo de Kiev alimenta os insurgentes, a multidão imprime sua marca. Em cada esquina, iniciativas espontâne-

---

[5]*Slogan* na Sorbonne.
[6]Em Censier.

as permitem evitar a diluição tão esperada pelo poder. A revolução contemporânea ou será spontex ou não será. Ela não "consiste", ela "existe".

Outubro de 1917 sai de cena. Adeus Lenin, bye bye Trotski. Aonde foi parar 1789, a marcha sobre Versalhes do populacho parisiense? O papel-chave das massas distingue *Putsche* e revoluções. Se o espontaneísmo popular é levado ao extremo de 1968 ou 2004, trata-se no caso de uma diferença de grau, não de natureza. A genial invenção de Maio, sua revolução na revolução, é a transferência da violência, consubstancial a qualquer insurreição, para o domínio simbólico. A defasagem entre as palavras e os fatos, tão freqüentemente criticada, revela-se primordial. O CRS é tratado como SS lingüisticamente e não fisicamente, o que permite ao mesmo tempo a radicalidade e a não-violência: "Exagerar, eis a arma."[7]

Fiéis ao enunciado bíblico-sessenta-e-oitista, "No começo era o verbo", as organizações estudantis de vanguarda como Otpor na Sérvia, Kmara na Geórgia, Pora na Ucrânia transformam-se em agências de comunicação. Elas acionam o movimento parodiando-o. A queda de Milosevic foi preparada pelos *happenings* de Otpor. As encenações de Pora foram o prelúdio da subversão laranja.

"A imaginação no poder." A famosa palavra de ordem de Maio tem duas entradas. 1. A realidade do poder deve ser buscada no imaginário coletivo. Ela deve sua autoridade não a uma essência própria, mas ao temor e respeito que um povo alienado, "enfeitiçado", diz La Boétie, sente a seu respeito. 2. Por conseguinte, apenas a imaginação tem o poder de derru-

[7]*Idem*.

bar o poder, investindo e invertendo o imaginário coletivo. Os revolucionários contemporâneos reivindicam e exploram o descentramento operado pelo *Discurso da servidão voluntária*. Se o povo se recusa a lhe obedecer, o regime não passa de um "grande colosso sem suporte". Tocamos o fundamento filosófico da "desobediência civil" que os insurgentes de Maio e Kiev praticam com tanta inventividade.

Os "radicais" e seus herdeiros transformam em doutrina o preceito de La Boétie: "Não precisamos sequer lutar contra esse tirano, tampouco destituí-lo, ele está por si mesmo destituído, basta o povo não consentir em servi-lo."[8] Para dar um fim ao fascínio exercido pelo poder, convém aniquilá-lo em todas as consciências. Na Sérvia, a primeira campanha de Otpor intitula-se "*Gotov Je!*" ("Ele terminou!"). É lançada num momento em que todos julgam Milosevic indestronável. Grafitada nos quatro cantos do país, repetida ao infinito, a alucinação voluntária de um punhado de ativistas propaga-se como um rastilho de pólvora e se metamorfoseia em profecia auto-realizadora.

A ridicularização torna-se a arma definitiva: a "vertical do poder", tão cara a Vladimir Putin, não suporta o riso, esse inimigo de todas as hierarquias congeladas. "Sou marxista, tendência Groucho",[9] proclama o estudante de Nanterre, significando de imediato que rechaça as regras do jogo, a linguagem e os códigos impostos pelos gaullistas e o PC. O jovem ucraniano concorda, um gorro de Papai Noel na cabeça e um *silkscreen* de Lenin exclamando "*Drink Diet Coke!*" no peito. A revolução contemporânea não dessacraliza apenas a ordem estabelecida,

[8]Étienne de La Boétie, *op. cit.*
[9]Nanterre, hall C20.

ela se dessacraliza. "O Mandarim está em você", lemos na faculdade de medicina. "Garotas radicais de Nanterre" assinam "A inclinação do estudante a ver um militante em qualquer um manifesta sua impotência". Para impedir o surgimento de pequenos chefes tão sérios quanto os grandes, um cartaz indica na entrada de um teatro-dormitório de Kiev: "O primeiro que bancar o arrogante vai limpar os banheiros."

Na pura lógica situacionista, a ação exemplar está no coração dessa práxis revolucionária blasfematória. Vladimir Kaskiv, principal coordenador de Pora, explica: "O ovo lançado por um anônimo em Ianukovich[10] deu origem a canções, clipes, *videogames*. Fez tanto pela liberdade quanto todos os discursos políticos, dessacralizando instantaneamente o regime."[11] O ovo nadifica imediatamente o tirano no imaginário coletivo e a fala que se constrói em torno dele repercute sua profanação ao infinito. Pela Internet, cada ucraniano é convidado a arremessar ovos em Ianukovich ou Putin. Ativistas ocupam a rede de alto-falantes que percorre a cidade e parodiam um apelo oficial: "Todo cidadão na posse de ovos deve imperativamente depositá-los amanhã de manhã às 8h30 no comissariado de seu bairro. Todo recalcitrante será fuzilado sumariamente." Enquanto tropas armadas até os dentes cercam uma capital palpitante de boatos os mais alarmistas, essas encenações impõem uma distância às ameaças e medos, justificados ou não. A revolução não apenas é midiática, como multimidiática! É o que permite evitar o Grande Medo de 1789.

[10]Viktor Ianukovich, candidato do poder e de Moscou nas eleições de 2004.

[11]Quanto à filiação dessa "exaltação fanfarrona da imediatez" constituída pelo situacionismo segundo Régis Debray, os nomes dessas organizações são eloqüentes: se Otpor significa classicamente "Resistência", "Kmara quer dizer "Basta!" e Pora, "Chegou a hora!" ou "Já não era sem tempo!".

"Um fim de semana não revolucionário é mais sangrento que um mês de revolução"[12]

A vanguarda vive na obsessão pela violência física: em particular, pela que possa advir das fileiras dos rebeldes. Vladislava Kaskiv conta, no início de dezembro de 2004: "O maior perigo de hoje é o descarrilamento, um incidente que restabelecesse o regime e descaracterizasse o levante." Dany le Rouge estraçalha os ministros ao vivo no rádio, depois corre de barricada em barricada para impedir qualquer tradução nos fatos de sua irresponsabilidade verbal, qualquer "descarrilamento".

Encontra poucas dificuldades, a distinção entre a esfera simbólica, em que tudo é permitido, e a esfera física, em que o *self-control* é de bom-tom, sendo perfeitamente assimilada pelos insurgentes. Como garantir a segurança de uma cidade onde a polícia não consegue sair do quartel? Como controlar um milhão de sem-teto numa capital européia? Em Kiev, as milícias revolucionárias passam a patrulhar as ruas depois de um longo mês, e sua seriedade parece a todos de um consumado ridículo. Como saídas de um livro de história, verificaram-se totalmente inúteis. Em Maydan, a grande praça para onde convergem todos os dias centenas de milhares de manifestantes, um shopping superchique permanece aberto durante toda a insurreição e nenhuma loja é saqueada.

Andrei, jovem DJ convertido em responsável pela segu rança de um "bairro" de tendas, explica: "Todos percebem que se trata de um momento único. Os ucranianos julgavam-se impotentes e agora acordam como pequenos deuses, escutados, observados, invejados pelo mundo inteiro. Então

[12]No Instituto de Línguas Orientais.

ninguém ousa estragar o seu cantinho de paraíso. Roubar, depredar ou mesmo espancar contramanifestantes, tudo isso equivaleria a comer do fruto proibido e a cair de novo brutalmente sobre a terra."

"Espetáculo sublime" essas centenas de apoiadores do regime atravessando uma multidão mil vezes maior de oponentes sem serem perturbadas. Confesso, entretanto, que essa transposição simbólica da violência revolucionária me fez bufar de impaciência várias vezes. Imaginem o seguinte: o povo laranja controla a cidade, o poder estende-lhe os braços e ele se nega a ocupar as instituições para não se confrontar fisicamente com os cordões de milicianos que as protegem. Ele aguarda um compromisso e novas eleições. A tomada do Palácio de Inverno não acontecerá. "Isso significaria o fim da Revolução", nos diz Viktor Iuchtchenko.[13] O que ontem representava o apogeu hoje denotaria o fracasso. O desfecho violento, outrora garantia de autenticidade, está proscrito.

Daí a decepção dos militantes mais exaltados, que se recusam a admitir que as novas revoluções não podem ser "terminadas". Entretanto, consubstancial ao princípio de não-violência, sua inconclusão impede o campo dos possíveis, subitamente aberto, de se fechar tão subitamente quanto antes. Ele induz que a página em branco não se enche nem se vira completamente, que a revolução, nunca sendo total, está sempre para recomeçar: "permanente", denuncia, apavorado, Vladimir Putin.[14]

---

[13]Na época, líder da oposição e hoje presidente da República.

[14]Como bom agente da KGB, o novo czar conhece de cor seu manualzinho de antitrotskista. Com a ressalva de que a nova ameaça que pesa sobre seu universo é muito diferente das ambições do velho Trotski. E mais perigosa: trata-se não mais de combater uma teoria verificável do Putsch permanente, mas de proteger uma desordem globalizada.

A ruptura histórica é gigantesca. Com Maio de 68, Lisboa de 1974 e Kiev de 2004, a revolução entra na era gödeliana da "incompletude" e da "inconsistência". Não é mais vivida como um sistema fechado e não devora mais, como Saturno, seus próprios filhos. Abandona toda e qualquer idéia de Luta Final ou Solução do mesmo nome, "deixa de ser para existir" e, ao fazê-lo, rompe com quatro séculos de busca proteiforme de Absoluto.

Revigora-se.

As origens da revolução permanente

Durante quatro séculos, um espectro assombrava as Nações, os Estados, os sistemas intelectuais e as ideologias européias: o espectro das origens demoníacas do Ocidente. Partidários da Fé, devotos da Razão, hegelianos de esquerda e de centro, marxistas cientificistas ou humanistas, apóstolos da Revolução e defensores da Terra que Não Mente, positivistas, espiritualistas, idealistas, progressistas, conservadores — todos se uniram "numa santa caçada" para acuar, extinguir, amenizar, fetichizar ou superar esse parto doloroso e grandioso do espírito europeu que foi o Renascimento.

Que acontece de tão originário e original nos séculos XV e XVI?

As conclusões científicas (o homem não é mais o centro da Criação, a Terra não é mais chata), as descobertas geográficas (América), as evoluções sociológicas (urbanização, especialmente na Itália), as reviravoltas econômicas (capitalismo mercantil), as guerras civis teológico-políticas (em toda parte) prevaleceram sobre o antigo cosmo. E as divindades modernas ainda não foram inventadas para restituir sentido e forma ao Universo.

O velho mundo não existe mais, o mundo futuro não existe: o homem evolui num entre-dois, sem eixo, desossado, deslocalizado, positivamente indeterminado. Nada é certo, "tudo se torna possível". A crise é vivida por ela mesma. O espanto, essa subversão da ordem do pensamento colocada por Aristóteles no princípio da filosofia, impõe-se perante as coisas e os acontecimentos. O universo é "uma gangorra perene" (Montaigne), "mergulhado num movimento perpétuo" (Maquiavel): em revolução permanente.

Hoje, quando os tambores da filosofia moderna se calaram e tudo parece novamente flutuante, a língua renascentista soa familiarmente aos nossos ouvidos desencantados. Seu presente corresponde ao nosso. Que nos diz ele de tão subversivo sobre nós mesmos?

Aqui jaz Deus, sob todas as formas

"Em nome do *Céu*, sentemos na *terra* e contemos a triste história da morte dos reis."[15] O "Céu", em Shakespeare, já não é senão um "nome". A "terra" é o lugar único da ação e da revelação fundamental: não a morte desse ou daquele rei, mas "a morte dos reis" em geral, a morte da própria idéia de rei.

> Rainha Margarida: Eu tinha um Eduardo: um Ricardo o matou! Eu tinha um Henrique: um Ricardo o matou. (À rainha Elisabeth.) Você tinha um Eduardo: um Ricardo o matou. Você tinha um Ricardo: um Ricardo o matou!
>
> Duquesa de York (a Margarida): Eu também tinha um Ricardo, e você o matou; eu também tinha um Rutland, e você ajudou a matá-lo!
>
> Rainha Margarida: Seu Eduardo está morto, o qual matou meu Eduardo, seu outro Eduardo está morto como compensação pelo meu Eduardo. O jovem York fez apenas o acerto, pois ambos não podiam igualar a criatura perfeita que perdi. Seu Clarence está morto, o qual apunhalou meu Eduardo...[16]

---

[15]*Ricardo II*, III, 2, grifo meu.
[16]Ibid., IV, 4.

Os nomes, títulos, idades e crimes são de tal forma justapostos que beiramos antes da hora o teatro do absurdo. Esse diálogo de mães surdas papagueando a morte de seus filhos mortos gira em círculo, assim como gira em círculo o conjunto das tragédias reais de Shakespeare. Cada epílogo parece repor as coisas no lugar: o tirano sangüinário é castigado, a Inglaterra tem um novo soberano. Ele não passa, na realidade, do prólogo da peça seguinte, cuja trama é similar: o jovem rei ocupa o lugar do velho, comete os mesmos horrores, os mesmos erros e degringola por sua vez por uma grande escada que ele gloriosamente subira, na verdade uma pilha de cadáveres em putrefação.

Essa oposição cíclica da História, qualificada de pré-moderna por comentadores sôfregos por desacreditá-la, resulta de uma lógica positivamente antimoderna, se entendermos por "modernidade" a afirmação do Progresso da História, versão laicizada da escatologia cristã. O ciclo, que é aqui o inverso da arcaica repetição ao infinito da ordem cósmica, significa que não há superação do problema. O eterno retorno do mesmo subverte antes que ela (res)surja, a idéia de que a revolução possa ser a passagem de uma ordem completamente injusta para uma ordem completamente justa, uma promessa edificante de Apocalipse. No palco do Globe Theatre, a revolução ainda não é o salto heróico e sangrento de um mundo para outro mundo, ela é o mundo.

Não existe mais nem hierarquia natural nem lugar patenteado: a equiparação das posições de elocução e a subversão da fala de autoridade que caracterizam 68 e as revoluções contemporâneas são constantes shakespearianas. "Clarence: Em nome do Céu, quem és tu?/ Primeiro assassino: Um homem como vós."[17] O "vós" empregado pelo assassino não passa de um tique de linguagem herdado do passado, assim como o "Céu" de Clarence. Aos olhos do funcionário do crime, o príncipe herdeiro, que, ainda ontem, dava-lhe ordens, não passa mais senão de um "homem". Como ele.

O coro, depositário tradicional do Verbo que dá sentido aos acontecimentos, é substituído por furtivos encontros de burgueses (moradores das cidades) que comentam, assustados ou ressabiados, a situação do mundo. Esses dublês cênicos do espectador formam uma opinião pública indecisa, entregue aos ventos do relativismo e do destino, um anticoro. São os freqüentadores de uma casa de apostas comentando o jornal da televisão da véspera:

> Terceiro cidadão: A notícia da morte do bondoso rei Eduardo foi confirmada?
>
> Segundo cidadão: Sim, senhor, isso é mais que verdadeiro. Deus o proteja!
>
> — Vamos, senhores, preparem-se para ver o mundo tremer.
>
> Primeiro cidadão: Não, não, pelo amor de Deus...[18]

Deus não tem nada a ver com isso e nossos burgueses sabem muito bem. Não existe mais nada acima ou fora do palco.[19] O que não se vê não existe. Nenhum olhar de cima é possível. Nem Deus, nem o Futuro, nem o Passado permitem sair do *hic et nunc*. Lord Buckingham percebeu isso muito

---

[17]*Ricardo III*, I, 4.

[18]Ricardo III, II, 3.

[19]Tudo que existe está no palco, logo o "corte cênico" característico das épocas bem ordenadas não é respeitado. A sociedade "obscena" denunciada por Régis Debray constitui-se no século XVI. O teatro shakespeariano é seu laboratório. Mais fácil, entretanto, atacar a Star Academy que o grande William!

bem ao aconselhar o tímido cardeal a violar o santuário no qual se refugia a criança ameaçada: "Obstinai-vos sem razão, milord, em defender tão cerimoniosamente a tradição. Vede a coisa com o rude bom senso da nossa era." Terrível "bom senso" de uma "era" que se sabe dissociada de toda sacralidade.

A tragédia torna-se exclusivamente mundana. "Que admirável álibi, para esse mestre rufião que é o homem, entregar o temperamento de bode do homem aos desígnios de uma estrela."[20] O Fatum não passa de uma remota lembrança e o horizonte do Progresso ainda não esclarece os crimes cometidos. Não adianta a famosa toupeira de Hamlet cavoucar, ela nunca anunciará a Luta Final ou o paraíso comunista. É uma "toupeira trágica" (Jan Kott),[21] não uma toupeira hegeliano marxista. É "trágica" não a resistência desesperada à Marcha da História, mas a consciência de que a História não Anda. O homem compreende, antes de esquecer voluntariamente, que a toupeira não passa de uma toupeira e o iluminado de Platão, um prisioneiro entre outros. O desenlace de cada peça desemboca na seguinte e a saída da Caverna dá em outra Caverna: no palco do bem denominado Globe Theatre elaboram-se nossas sociedades dessacralizadas, nossas revoluções permanentes e nosso mundo sem referência nem fronteira.

Enquanto nosso herói trágico clássico transgride a ordem das coisas e paga por sua *hybris* (Fedra, Édipo, Ájax, Agamemnon, Atália...), o herói shakespeariano, ou contemporâneo, evolui na turbulência do começo ao fim. Ele a pensa, encarna, desvela e explora. Ele é, propriamente falando, livre como o ar, pois nada existe para ele fora do que ele faz, observa, imagina, sente, quer e concebe.

[20] Réplica de Edmundo no *Rei Lear*, I, 2.

[21] *In* Jan Kott, *Shakespeare, notre contemporain*, Payot-Poche, 2006.

Uma cena simboliza a assunção shakespeariana da liberdade humana absoluta: o encontro de Ricardo III, mero duque de Gloucester nesse instante, com Lady Ana, mulher cujos marido, pai e sogro, o rei Henrique VI, ele mandou matar. A magnífica viúva carrega o cadáver ainda quente do monarca assassinado, quando Gloucester, "monte de negras deformidades", como ela o chama, a aborda e corteja. Ela grita, mais corajosa que todos os homens armados que se espremem ao seu redor: "Não existe besta tão feroz que não conheça o poder da piedade." Ele responde: "Eu não o conheço, logo não sou uma besta." Ela lhe vaticina o inferno pelos seus crimes. Ele sorri: "Tenho outro lugar, se me permitis indicá-lo." Ela: "Alguma torrinha." Ele: "Vossa alcova." Pronto, está tudo dito. Nasceu o Ocidente. Em vão ela cospe nele, atormenta-o, apela a todos os valores, renova todos os tabus, agarra-se a todos os deuses, nada feito. Tudo está mudo. Só fala Ricardo, e Ricardo quer trepar. Ponto final.[22]

Vai longe, no passado ou no futuro, o tempo em que Andrômaca, arrebatada pela lembrança de Heitor, guardiã majestosa da memória de Tróia recusa-se a se casar com Pirro, enquanto este lhe propõe em troca salvar seu filho, dele fazer herdeiro de seu reinado, declarar guerra à Grécia e vingar sua cidade mártir. A Lady Ana, Ricardo não promete nada disso. E ela passa literalmente por cima do cadáver de seu sogro para mergulhar em sua alcova. Em dois minutos contados, ela invoca e revoga o fantasma de seu marido. Adeus, réplicas nobres e dignas como o soberbo "Pensa, pensa, Cefiso, nessa

[22]Estamos no início do primeiro ato e a missa já está dita quando Lady Ana larga a espada com a qual ameaçava Ricardo para aceitar seu anel, passando do status de heroína antiga ao de puta cortesã. O resto da peça é apenas moldura. Shakespeare transforma uma cena de exposição em clímax dramático.

noite cruel/ Que foi para todo um povo uma noite eterna"[23] da princesa troiana.

Na tragédia de Racine, a ordem social inverte-se numa grandiosa revolução amorosa. Orestes representa o conjunto dos reis gregos e deveria dominar Hermíone, que deveria obrigar Pirro (ele lhe deve literalmente o casamento), que deveria subjugar Andrômaca (sua escrava). Mas, pronto, Orestes ama Hermíone, que ama Pirro, que ama Andrômaca, que ama... um sepulcro vazio. E o futuro de toda a Grécia depende da boa vontade de uma escrava arraigada em suas lembranças. Andrômaca é sem dúvida alguma um dos mais belos papéis do repertório trágico, impossível contudo imaginá-la perambulando por aquele palco do Globe Theatre, onde seu cadáver, mesmo quente, não faz mais sentido: "Ter contra mim Deus, sua consciência, *esse fúnebre obstáculo*; a meu favor, como apoio à minha causa, nada senão o diabo e olhares hipócritas, e não obstante seduzi-la! Todo o universo por nada!"[24] Aqui jaz o Criador reduzido, pela frase e o gestual de Ricardo, a um mero cadáver. "Nada." Menos que "nada".

Meio século mais tarde, quando o Estado moderno reinventa o cosmo e vira a página do caos do século XIV, uma situação similar transforma-se em seu oposto em Corneille. No *Cid*, Rodrigo matou o pai de Ximena e quer se casar com aquela que finge querer sua morte. O que mudou? Em primeiro lugar, o herói matou "apenas" o pai de sua amada, e ainda por cima nobremente, ao passo que Ricardo massacrou o conjunto de sua família. Em segundo, a ordem das coisas é restabelecida: são os velhos que morrem e os jovens que os

---

[23]Racine, *Andrômaca*, III, 8.
[24]Ricardo III, I, 2.

matam ou choram. Por fim, e acima de tudo, o problema não é mais a ausência, mas a superabundância de valores e sentidos: a cena é saturada de sentimentos elevados e referências morais mais uma vez incontestáveis e incontestes.

Ximena ama seu pai o suficiente para esquecê-lo casando-se com Rodrigo e ama Rodrigo o suficiente para não desposá-lo. Rodrigo ama o suficiente o maluco do seu velho pai e sua própria honra para não vingá-lo matando o de Ximena, e ama Ximena o suficiente para separar-se dela. Finalmente, o herói é glorificado na guerra contra o inimigo externo (puxa!) e o amor triunfa. Dom Sanchez, despachado por sua bela, pode exclamar:

> Quanto a mim, embora vencido, reputo-me feliz;
> E não obstante o interesse do meu coração apaixonado,
> Perdendo infinitamente, amo ainda mais minha derrota,
> Que coroa o êxito de amor tão perfeito.[25]

A humanidade, assustada com a experiência do século precedente, decidiu não colocar mais problemas do que poderia resolver, o que significa dizer que não se coloca mais senão problemas que já resolveu.[26] Tranca com duas voltas na fechadura o fantasma de Ricardo III no calabouço de um magnífico palácio de racionalidade, onde às vezes ela se diverte falsa e perdidamente.

---

[25]Corneille, *Le Cid*, V, 6.

[26]Corneille, nesse sentido, é muito mais moderno que Racine, cujo universo permanece fundamentalmente trágico, isto é, uma crise sem solução. Os heróis racinianos desvelam a ausência de sentido, enquanto os de Corneille constantemente o produzem. De um lado, o verbo trágico põe Deus em questão, do outro, ele O produz, é Deus. Rodrigo, Augusto ou Polieuto inventam a dialética e A *fenomenologia do espírito* desponta no horizonte do Cid, de Cina ou de Polieuto.

Entretanto, quando a inovação tecnológica (a bomba atômica ou a Internet), os deslocamentos geográficos (subversão das fronteiras), a evolução socioeconômica (capitalismo financeiro globalizado) ou as guerras apocalípticas (Auschwitz) voltam a perturbar a humanidade, reduzindo a cinzas seus belos palácios pós-renascentistas, Ricardo ressurge. E, com a sua Polônia martirizada pelos nazistas e ocupada pelos soviéticos, Jan Kott descobre no rei niilista de Shakespeare "a noite da ocupação, dos campos de concentração, a noite dos crimes políticos incontáveis, o tempo atroz em que vacilam todas as normas morais".[27]

Convém então mergulhar novamente no antimundo original e nele procurar alguns amigos que falem a nossa língua, capazes de guiar nossos passos desastrados por essa terra movediça e irregular, alguns "irresponsáveis" Lefort cujo presente coincida com o nosso. Você reencontra Montaigne, eu redescubro seu mais fiel leitor: Hamlet.

Dany le Rouge, príncipe da Dinamarca

"Time is out of joint", Hamlet pertence ao mesmo universo de Ricardo, é seu duplo e seu antídoto. Assim como ele, sabe pertinentemente que a antiga ordem das coisas está "podre" na raiz, irremediavelmente condenada, que o cosmo desmoronou e que o Céu não fala mais: "Esse admirável edifício, a Terra, me parece um promontório estéril, e esse toldo de ar, tão maravilhoso, não é mesmo?, essa abóbada soberba do firmamento, esse teto augusto decorado com labaredas

[27]*In Shakespeare, notre contemporain*, de Jan Kott, *op. cit.*

douradas, sim, tudo isso não passa para mim de um monte de vapores pestilentos."[28]

Assim, quando o fantasma do seu pai surge do passado para exigir que ele recoloque o mundo nos eixos lavando a honra de sua família, do país e do mundo com o sangue de Cláudio, Hamlet duvida e não obtempera. Fundamentalmente, não acredita no discurso de autoridade do espectro. Como observa Girard,[29] o príncipe-filósofo sabe perfeitamente que seu pai e Cláudio são tão criminosos um quanto o outro. Vingar o primeiro matando o segundo só fará perpetuar uma longa tradição de assassinatos familiares e Hamlet não é um nome a mais inscrito na interminável lista shakespeariana dos libertadores que se tornaram tiranos. Não é homem de acreditar no rito sacrificial anunciando o advento de uma Jerusalém celestial sobre esse "promontório estéril" que é a Terra. Ele não é Saint-Just.

Foi muito criticado por isso, na seqüência. Enquanto a Europa procurava expiar a grande convulsão do século XVI e tentava esquecer que um dia não havia acreditado no cosmo, Hamlet serviu de bode expiatório. O homem pretendia-se de ferro, de coração ou de razão e não suportava ver-se nu no espelho. Durante quatrocentos longos anos de anátemas e proscrições voltava-se sempre a ele, para auscultá-lo, pô-lo a distância, sem jamais se conseguir a liberdade completa.

Ele foi decretado "bela alma" incapaz de se inscrever no real (Hegel), sonhador fraco demais para se vingar, teórico sem prática, prático sem vontade, vontade sem braços, braços sem mão, mão sem espada... Gerações de filósofos, psica-

[28]*Hamlet*, II, 2.

[29]René Girard, *Shakespeare: les fées de l'envie*, Le Livre de Poche, 1990.

nalistas (abúlico histérico, narcísico exacerbado, impotente, invertido, edipiano clássico, bloqueado: houve de tudo!), poetas, sociólogos e militantes procuraram a enfermidade que o impede de se vingar,[30] a doença que condena esse estudante brilhante a não poder aplicar seus conhecimentos modernos e racionais.

Isso é esquecer que ele leu os *Ensaios*, e não o *Manifesto do Partido Comunista*. Isso é esquecer, principalmente, que a peça não é uma simples *revenge story*, que seu sujeito, seu objeto e sua ação não são a vingança, mas precisamente sua não-realização. A recusa do herói não é uma falha, é uma escolha. Fundadora. Tragédia que não tem, aponta Girard, nem começo nem fim claramente identificável, *Hamlet* rompe a relação clássica com a trama e revela-se laboratório filosófico. No tablado do Globe opõem-se as revoluções e contra-revoluções intelectuais e políticas futuras.

Três personagens enfrentam-se, os quais encarnam três relações antitéticas com a crise do século que acabou de acabar. Três órfãos cujo pai é morto assassinado, três desenraizados violentamente projetados na idade adulta, três atores de um tempo radicalmente novo: Laertes, Fortimbrás e Hamlet.

Laertes é conservador. Permanece fiel às tradições e não questiona a memória de Polônio. Ele é o que o passado quer que ele seja e não compreende rigorosamente nada do caos em que evolui.

[30] René Girard observa: "Após quatro séculos de incessante ruminação, o fato de que Hamlet vacile um pouquinho diante do assassinato nos parece tão aberrante que todos os dias são escritos novos calhamaços para esclarecer esse mistério. Quando tentarem explicar essa curiosa torrente de literatura crítica, nossos descendentes provavelmente irão supor que outrora, no século XX, ao primeiro sinal de um fantasma, qualquer professor de literatura era capaz de massacrar toda a sua família sem pestanejar um segundo" (*op. cit.*, p. 464).

Fortimbrás, em quem Hegel celebra o verdadeiro herói da peça, não é simplesmente filho de seu pai, como Laertes, mas o homem do futuro, da *Aufhebung*, da revolução definitiva, da ação decisiva. Ele é a Marcha da História. Chefe de Estado racional e moderno, prevalece tanto no palco como na Inglaterra elisabetana e na Europa das nações. Sua figura irá dominar, durante vários séculos, o pensamento e a política ocidentais.

Hamlet recusa o conservadorismo de um e o progressismo do outro. Explora o caos do mundo. Ele é a crise, arauto de um presente pensado e vivido por si mesmo. Ele é o entre-dois de seu século. Vagueia por uma falha temporal, entre o cosmo decadente do Pai e a ordem racional de Fortimbrás. Espacialmente indefinível, nem dentro nem fora, desnaturado e deslocalizado, recusa-se a se integrar à Corte ao mesmo tempo que permanece herdeiro do trono. Agora inclassificável, oscila voluntariamente entre a razão e a loucura. Ontologicamente impuro, não escolhe entre "ser" e "não ser". Embaralha nossas referências, suscita o espanto: ele é o mundo sem referência e sem fronteira do século XVI, o nosso.

Hoje, podemos reler a peça à luz de Maio de 68, Lisboa de 1974 e Kiev de 2004. O príncipe-filósofo sabe que a desordem revolucionária não é senão um momento de negatividade na estrada sinuosa de uma História que, em qualquer época e lugar, não vai parar de avançar. Ele nasceu em 1944 e vê claramente que "a noite da ocupação" não apenas abalou a ordem antiga, como também o conceito de ordem. Se ele se recusa a salvar o nada das hierarquias e dos valores que levaram à perpetração, ou à sua autorização do crime dos crimes, como o fazem Laertes e os gaullistas, da mesma forma resiste a se projetar num futuro que inventa novas normas, tão intangíveis quanto as antigas, como Fortimbrás e os marxistas-leninistas. Ele só tem na cabeça o presente, sua desordem e sua liberdade. Ele reinventa a revolução aberta. Ele é Dany.

Ele não conclui, e é precisamente nisso que é contemporâneo. Quando Cohn-Bendit sai de Paris em plena insurreição, não foge às suas responsabilidades. Assume o que Maio é efetivamente: não uma reedição de Outubro de 17, mas uma abertura total do campo dos possíveis que qualquer tomada do Palácio de Inverno viria vedar definitivamente. Ele não está aqui para substituir as autoridades: o espaço, o "lugar nenhum" de Lefort, que ele fez emergir, não sobreviveria a um desenlace clássico. Como a peça de Shakespeare, sua subversão não tem começo nem fim claramente identificável, ela é permanente.

Fortimbrás julga que, ao se apoderar da coroa, fecha a experiência caótica, restaura a racionalidade do tempo e do espaço, um antes e um depois, um dentro e um fora, um campo e um fora-de-campo (o "corte cênico" caro a Régis Debray): "Que levem esses corpos. Um espetáculo desse tipo/ Combina com o campo de batalha, não com esse lugar." Mas o desvelamento hamletiano perdura, a toupeira continua a cavoucar. E a Europa que tencionava ultrapassar seu período dinamarquês deverá no fim voltar para lá.

Laertes e Fortimbrás tiveram quatro séculos para brigar por um mundo oscilante entre progresso e conservadorismo, ordem futura e ordem estabelecida, lutas finais e restaurações definitivas. Deixaram-no não à beira do abismo, mas totalmente dentro dele. Com sua queda, a revolução "deixa de ser para existir", abandona a lógica de Saint-Just proclamando: "O que constitui uma república é a destruição total do que lhe é oposto" e volta à inconclusão original de Hamlet, Maquiavel, La Boétie e Montaigne.

Maio de 68 ou a revanche de Roma sobre Veneza

— Objeção! O desvelamento hamletiano pode constituir a mais extraordinária experiência filosófica e antecipar as revoluções contemporâneas de Paris a Kiev, passando por Lisboa e Tbilissi, mas nem por isso deixa de ser um simples momento na história de uma nação. Não se constrói uma sociedade em cima da prática sessenta-e-oitista da subversão permanente.

— Objeção discutível de um espírito pós-renascentista: a aventura de Hamlet constitui-se de imediato em modelo sociopolítico.

Permita-me contar uma história a esse respeito.

Era uma vez a morte de Deus e a origem do Ocidente: o Renascimento. Sozinho e nu, o homem elaborou duas respostas políticas antitéticas ao mutismo súbito do cosmo: Roma[31] e Veneza. A primeira traduzia em termos cívicos o relativismo shakespeariano. A segunda inventava sua supera-

[31]A Roma aqui evocada não é a cidade vaticana congelada da Contra-Reforma, mas o delicioso *patchwork* de república antiga e de cidade renascentista discutido, incensado e contestado pelos pensadores dos séculos XV e XVI, uma síntese dos temores e esperanças da época que Maquiavel promove ao status de modelo em seus *Discursos sobre a primeira década de Tito Lívio*. É sobre as ruínas desta Roma que se erige o centro da Europa contra-revolucionária dos séculos seguintes.

ção com o Estado moderno. A alternativa era radical: a política devia substituir o Deus perdido ou repercutir sua morte? O confronto entre Roma e Veneza marca a história européia até nossos dias.

A *Sereníssima ou o triunfo do Estado moderno*

Veneza dá uma resposta luminosa ao caos do mundo. Jorge de Trebisonda, em seu prefácio à tradução italiana das *Leis* de Platão, descreve suas instituições como réplicas exatas dos princípios platônicos. Veneza atribui a cada um seu lugar, reproduz a ordem sagrada do cosmo, ou melhor, produz um cosmo que sacraliza sua ordem cívica. Sua "consistência" permite-lhe resistir às vicissitudes da "existência". Ela vira a página de Hamlet e recria o mundo a partir do *logos*.

Verdadeiro sistema filosófico gravado na pedra, Veneza reflete sua coerência institucional em sua capacidade de gerar um espaço físico harmonioso (a terra, que a Comuna deve controlar totalmente para evitar a submersão das ilhotas e o assoreamento dos canais). A beleza da cidade é a expressão da superação política da instabilidade socioeconômica.

"É a cidade mais triunfante que já vi": em 1495, Filipe de Commynes, embaixador do rei da França, tem direito ao percurso iniciático reservado aos visitantes de escol. Contempla o "casario admirável" do Grande Canal e compreende que a osmose arquitetônica resulta do primado absoluto da esfera pública. Veneza soube refrear o ardor de cada potência social em ostentar sua riqueza e prestígio em detrimento do Todo, conseguiu evitar a corrida anárquica para o descomedimento privado que desestrutura o espaço das demais cidades italianas. Veneza não é Nova York.[32]

O acaso ali foi banido, o conflito, atenuado. Pasmo, Commynes constata: "nenhuma questão civil na cidade". A Sereníssima aponta o caminho a ser seguido para se construir uma sociedade estável sobre as ruínas da ordem medieval, contribuindo mais que qualquer outra para o florescimento capitalista das cidades transalpinas e conseguindo dominar as tensões socioeconômicas por ele geradas e apagar os vestígios dos abalos por ele suscitados. Abandonando a imagem de uma eterna identidade consigo mesma, rouba nacos de mercado da terra inteira, ata e desata as alianças, multiplica as intrigas diplomáticas sem modificar os ritos e códigos que dão ritmo e regulam sua vida pública.

No relato de Filipe anuncia-se a passagem próxima, na França, do *Estado de justiça*, que arbitra entre potências feudais autônomas e rivais, para o *Estado de finanças*, que plasma e gera a matéria social. A Itália é o laboratório da modernidade e Veneza inventa a sacralização pós-renascentista da política. Fundada por cidadãos italianos em fuga das invasões lombardas, ela é o produto de um retraimento para fora do caos social. Luís XIV irá inspirar-se nisso ao se instalar em Versalhes para escapar da instabilidade de uma sociedade que ele tenciona refundar racionalmente a partir de seu palácio. Veneza prefigura a França absolutista, o Japão Meiji, a Prússia hegeliano-bismarckiana ou o Estado gaullista. Cidade do "corte cênico", do tempo contínuo, da função dominante do indivíduo, do espaço hierarquizado, ela é a referência definitiva dos pensadores soberanistas.

---

[32]A hierarquização veneziana do espaço atinge seu paroxismo com a invenção do gueto, onde são alojados os judeus da cidade a partir de 1516.

Filipe de Commynes conclui: "Os venezianos não têm tribunos do povo como os romanos." A Sereníssima é o antídoto para os distúrbios da época e para sua expressão paroxística: Roma. O espectro que assombrava a Europa durante quatro séculos não era simplesmente a revelação filosófica de Hamlet, era sua transposição sociopolítica para o antimodelo romano.

O espectro de Roma

Nascida do pior dos crimes (o fratricídio de Rômulo), dotada de uma constituição imperfeita e de uma matéria social heterogênea ("um afluxo de sacripantas, celerados, infames, assassinos e traidores", segundo Minúcio Félix),[33] Roma vive em revolução permanente, seu tempo é uma longa série de rupturas, seu espaço, um vasto caos. "Ela é sempre diferente de si mesma", denuncia Jorge de Trebisonda em seu prefácio às *Leis*.

Roma não é o produto do *logos* genial de um filósofo, mas das mãos calejadas de um assassino, legislador ainda mais medíocre que o bêbado criador do *Crátilo*. Ela depende "*della occorrenza degli accidenti*", "do curso dos acontecimentos",[34] evoluindo ao sabor das crises que sua incoerência suscita. Não decorrendo de nenhum princípio intangível, ela se arruína e se recria constantemente, reanimando a *virtù* de seus cidadãos em recorrentes retornos ao conflito original: a instabilidade que a desacredita aos olhos dos defensores da ordem

[33]*In Otávio*, XXV, 2.
[34]Maquiavel, *Discurso sobre a primeira década de Tito Lívio*, 1531, I, 2.

veneziana revela-se, segundo Maquiavel, o motor de sua expansão, a fonte de seu poder e liberdade.

A revolução romana relega ao ostracismo o mito de uma revolução total e procede do "abandono tácito da idéia de solução" (Lefort):[35] "Embora se passasse de um governo monárquico e aristocrático para um governo popular (...), nunca se retirou toda a autoridade real para dá-la aos aristocratas, assim como não se a retirou completamente destes últimos para oferecê-la ao povo; ao contrário, com a autoridade permanecendo mista, a república tornou-se perfeita."[36] "Perfeita", pois contraditória. "Perfeita", pois imperfeita. Roma sacrifica a *consistência* à *existência*. Permite a convivência da pluralidade e das contradições de um universo sem Deus em suas instituições.

Maquiavel não faz um elogio convencional da constituição mista: é precisamente porque cria um desequilíbrio constante que ela é desejável. A justaposição dos poderes e dos contrapoderes, dos princípios aristocráticos e democráticos, dos valores de autoridade e subversão não significa nada em si, é sua confrontação permanente que permite a grandeza de Roma.

O título do quarto capítulo dos *Discursos* diz tudo: "Como a desunião entre a plebe e o Senado romano tornou esta república livre e poderosa."[37] A desunião não é um simples es-

[35]Claude Lefort, "Machiavel et la 'verità effettuale'", *in Écrire, à l'éprevue du politique*, Calmann-Lévy, 1992, p. 175.

[36]*Discursos*, I, 2.

[37]Discursos, I, 4. Um momento decisivo, evocado por Filipe de Commynes, dessa "desunião" romana cristaliza a oposição das relações estadísticas e maquiavelianas no espaço-tempo político e social: a criação, na esteira de motins populares, da instituição dos tribunos da plebe. Segundo Hobbes, a República permite que os distúrbios sociais contaminem a esfera política e instaura em seu cerne o germe de sua própria "dissolução". É o início da decadência. Maquiavel, ao contrário, vê nisso o apogeu de Roma: ela inscreve em suas leis as contradições que perpassam a sociedade, dotando-se assim de meios para canalizá-las.

tado de divisão, mas uma prática do conflito, marcada por revoltas e confrontos violentos. O que é em potência deve ser em ato, e cada classe social, cada grupo político, cada igreja, ideológica ou religiosa, deve, para realizar-se plenamente, passar a perna na concorrência. O espaço romano é, por essência, revolucionário.

Os hábitos venezianos da Europa moderna

Roma assusta os reis que tentam fazer emergir uma ordem racional do caos renascentista, pois simboliza a inutilidade da ultrapassagem que eles se preparam para efetuar. Logo, convém erradicá-la. Isso será feito em 6 de maio de 1527 com a pilhagem da cidade por parte do exército imperial de Carlos V e seus supletivos luteranos. Mija-se nos afrescos de Rafael, saqueia-se a "nova Babilônia", viola-se, mata-se (seis mil mortos), ateia-se fogo. O urbicídio inaugura a era dos Estados-nações. No interior das fronteiras, prevalecem os princípios de unidade e verticalidade. No exterior, impõem-se as relações de forças entre nações homogêneas. A Roma cosmopolita de Maquiavel desaparece da *superfície* do globo. Cúmulo da humilhação, sobre suas ruínas fumegantes é erigido o templo da nova ordem ocidental: o Vaticano da Contra-Reforma.

Os conflitos sociais e a concorrência econômica permanecem, garantindo o dinamismo das nações européias. Mas alguma coisa mais legítima as delimita e ultrapassa: o Estado (o Uno). Para lembrar às partes à onipotência do Todo, ele as confronta com sua própria finitude na guerra externa, último recurso para evitar as divisões internas e racionalizar seu espaço-tempo (solução considerada no *Cid* e desenvolvida por

Hegel nos *Princípios da filosofia do direito*, em especial no parágrafo 324). A guerra é a revolução adaptada ao modelo veneziano, meio de assegurar uma regeneração sem abalo interno e, ao mesmo tempo que conclamar os cidadãos à *virtù*, afastar a convulsão sociopolítica.

Essa lógica funciona razoavelmente até 1914. A guerra torna-se então tão violenta que abala as próprias estruturas do Estado que ela supostamente deve fortalecer. Apela-se a Ricardo II, esse *pit-bull* dos Príncipes, mas dão-lhe muita rédea, entregam-lhe forças excessivas. Ele se recusa a voltar para o seu nicho e, bolchevique ou nazista, apodera-se dos tronos e em seguida ateia fogo ao belo edifício moderno.

Em 1945, as nações ocidentais compreendem que não podem mais guerrear, sob pena de pura e simples extinção. A comunidade européia é lançada para impedi-las. O Estado moderno quebrou seu espelho e perdeu seu chicote, o liberalismo americano impõe-se, deslegitimando a relação vertical com o tempo e o espaço: Roma volta à tona.

68 ou a passagem da França para a era romana

A França política surpreendida por Maio de 68 é uma Veneza sem nervos, sem polpa, sem osso. Tudo bem, não é uma ditadura: o poder emana das urnas, existe uma oposição no Parlamento e, fora dele, prospera uma contra-sociedade comunista. Mas é uma democracia apática: a oposição se opõe e os comunistas comunizam, os estudantes estudam e os professores professam, os grupelhos esquerdistas preparam a revolução do ano 3018, os sindicatos sindicalizam, os patrões são patrões... Legitimada por mitos originais esvaziados de sua carga conflituosa (a Resistência ou a Revolução), a França embolora.

Para surpresa geral, os "intolerantes" despertam uma sociedade que se emancipa do passado e abole as hierarquias espaciais. O movimento contestador não reivindica nenhum lugar e os ocupa todos, nega aos partidos seu monopólio da política, tenta roubar os operários da CCT, desfalca os professores das universidades, confisca da mídia os jornalistas engajados e arranca a revolução dos militantes organizados.

Roma, que sufocava sob Veneza, está de volta. 68 é uma experiência antileibniziana do desregramento generalizado: as mônadas sociais, que não deviam nunca se tocar, entram subitamente em colisão umas com as outras. Avançam-se os sinais, rasga-se o código de trânsito e retrocede-se da harmonia preestabelecida da *Monadologia* para o choque dos átomos do *De natura rerum* de Lucrécio. "Amai-vos uns sobre os outros" é, para além da conotação sexual e através dela, um *slogan* tipicamente "romano". "Amai-vos uns aos outros" é "amai-vos, cada um no seu canto". O "sobre" lança um apelo à revolução espacial. É a tradição lúbrico-surrealista de um maquiaveliano: "Como todas as coisas da terra estão num movimento perpétuo e não podem permanecer fixas, essa instabilidade as leva a subir ou descer."

Maio inaugura uma era romana de desenraizamento assumido. Proclamando "Somos todos judeus alemães", os estudantes parisienses celebram o fim da identidade veneziana da França e o advento de uma cidade "sempre diferente de si mesma" (Jorge de Trebisonda): a sociedade em revolução permanente.

Maio foi freqüentemente criticado por ter propiciado o triunfo do capitalismo ao derrubar as barreiras ideológicas e morais que restringiam seu desenvolvimento. Convém ir bem mais longe na análise dos laços consubstanciais que unem o espírito sessenta-e-oitista e o liberalismo.

O relativismo detectado e criticado por Nicolas Sarkozy na herança de Maio não é outra coisa senão o princípio, motor e produto da sociedade liberal. Romain Goupil, ao voltar de suas deambulações trotskistas, constata, divertido: "Hoje, Maio de 68 é para mim o contrário do que eu pensava na época. Nosso país colocava-se à altura dos dividendos da sociedade de consumo emergindo dos Trinta Gloriosos. Reivindicando a igualdade entre homens e mulheres, para acompanhar a revolução representada pelo controle da reprodução. Mediante a liberação dos costumes e das responsabilidades para toda uma faixa etária (...) Mediante um questionamento das relações hierárquicas de direito divino... Em suma, nós paríamos a sociedade atual."[38]

Qualificar 68 de epifania liberal irá chocar os esquerdistas apaixonados pelo tom marxista de uma Sorbonne amotinada mergulhada no formol, mas também os pretensos liberais, autênticos conservadores, que irão objetar que Cohn-Bendit omitia expressamente citar Locke, Smith ou Ricardo.

Assim como liberalismo não é um sistema filosófico como o marxismo, a sociedade liberal não decorre de teorias econômicas ou políticas. Ela se forjou nas cidades, na lama, nas oficinas, nas guerras, nas bibliotecas, nas assembléias, nas

[38]In Romain Goupil, *La défaite dépasse toutes nos espérances*, Plon, 2006, p. 188.

greves e nos bancos dos séculos XV e XVI, ao sabor "*della occorrenza degli accidenti*", dos conflitos sociais, religiosos, ideológicos e políticos que abalavam a Europa renascentista, e consiste precisamente em sua assunção, na recusa de ultrapassá-los.

Ao derrubar ao mesmo tempo a Veneza gaullista e a escatologia comunista, os "intransigentes" permitiram o advento de uma sociedade dessacralizada. Ideal-tempo descontínuo, espaço desordenado, relativismo moral: eis as características romanas de 68. Clamar por sua "liquidação" é o mesmo, no fim das contas, que contestar o capitalismo e o liberalismo.

Marx analisara, antes de Schumpeter, a "destruição criadora" em ação numa economia de mercado que não pode funcionar sem "revolucionar constantemente os instrumentos de produção, logo as relações de produção, ou seja, todo o conjunto das relações sociais". Melhor que qualquer um, ele captara a natureza profundamente anticonservadora do liberalismo: "Todas as relações sociais tradicionais e congeladas com seu cortejo de noções e idéias antigas e veneráveis se dissolvem; todas as que as substituem envelhecem antes mesmo de se ossificar. Tudo que detinha solidez e permanência esvai-se como fumaça, tudo que era sagrado foi profanado..."[39]

Marx não imaginara simplesmente que as contradições internas do capitalismo, longe de decretarem seu fim num prazo menor ou maior, promoveriam sua capacidade de adaptação e sua expansão infinitas. Maquiavel compreendera isso, dissecando o dinamismo insaciável do modelo sociopolítico fundado na assunção do conflito e da concorrência. Deu o

[39]Karl Marx, *Manifesto do Partido Comunista.*

nome de Roma a esse processo de expansão caótica sem limite espaço-temporal. Hoje isso é chamado de "globalização".

Ele consiste na integração do "outro" num "mesmo" que renunciou a toda essência própria para se tornar pura abertura, sem "dentro" ou "fora" identificáveis. Daí o estranho destino da contracultura dos anos 60-70, que repousava na denúncia do comércio e que termina por se fundir ao mercado, oferecendo-lhe novas fronteiras, novas transgressões possíveis.

Tal digestão de sua antítese suposta pelo capitalismo foi particularmente evidente nos Estados Unidos, mais precisamente na Costa Oeste, berço comum da contracultura *hippie* e da *net*-economia. O que se convencionou chamar de "ideologia californiana" mistura alegremente aspirações libertárias e de livre-comércio. O ex-líder radical Jerry Rubin transforma-se em apóstolo da era neoliberal, passando tranqüilamente do "*Do It*" espontaneísta para o "*Just Do It*" da Nike. O salto não é tão espantoso, uma vez que, como vimos a propósito do Maio francês, eram as tendências venezianas do *establishment* que a contracultura dos anos 60-70 enfrentavam.

Sob o impulso conjunto de Maio e da globalização, Roma triunfou sobre Veneza. Laertes e Fortimbrás tornaram-se "extemporâneos". Podem censurar Bill Gates ou Cohn-Bendit, acusar Hollywood ou Wall Street, vituperar contra *Le Monde* ou Zinedine Zidane, eles perderam a mão. Talvez tenhamos a coragem de pensar, sem mito, o mundo tal como é. E a força de gozar, sem freios, com sua desordem.

Ponto final:

Carta a Nicolas Sarkozy

Senhor presidente,

"Liquidar a herança de Maio de 68", o senhor disse em Bercy. Gostaria de voltar à França veneziana da ORTF, de Peyrefitte e da titia Yvonne? Sua vontade de "espanar a poeira" da nossa dileta república, sua admiração pela mobilidade norte-americana, a revolução permanente que o senhor impõe ao código genético da direita, seu desprezo pelos cânones e costumes parecem afastar *a priori* tal desastre.

Ora, o senhor não afirmava a necessidade de pôr fim a quarenta anos de sono amazônico? Nesse caso, não tenha nenhum pudor: "O sagrado, eis o inimigo", dizia a Sorbonne revoltada de 1968. Os veteranos de Maio, que fetichizam sua juventude rebelde como Félicité seu papagaio empalhado, ficaram chocados pelo "destempero" de suas declarações. Como se tornaram frágeis os que proclamavam antigamente: "O exagero é a nossa arma."

"Liquidar", em linguagem de ruptura, significa "desfazer", ou seja, exatamente o que nossos caros "intolerantes" empreenderam em sua época. A França precisa de uma nova subversão espacial e temporal generalizada. Como em 68.

A campanha de 2007 arrebatou as massas porque ambos os candidatos "elegíveis" pretendiam encarnar uma refundação, uma renovação ou um renascimento. O grande impulso cívico nasceu do sentimento partilhado de se estar numa encruzilhada. A *virtù* das origens, que dormia pesadamente sob o apático reinado chiraquiano, voltou à tona. François Bayrou e Ségolène Royal tencionavam subverter a paisagem ou o método políticos, o senhor visava ao modelo social e econômico. Em termos marxistas: para eles a superestrutura, para o senhor, a infra.

Como esperado, o senhor começou por realizar seus anseios mediante a agora famosa "abertura". Em vez de organizar as exéquias de Maio, o senhor ofereceu pela primeira vez um ministério prestigioso a um ex-sessenta-e-oitista, um dos mais gloriosos representantes dessa geração pregada no pelourinho pelo seu discurso de Bercy. De acordo com as pesquisas, os eleitores de Ségolène votaram em primeiro lugar por uma identidade e uma herança (a esquerda), ao passo que os partidários do senhor escolheram um programa e uma pessoa (uma promessa de ruptura). Pela primeira vez, a direita encarnava no imaginário coletivo o movimento, o pandemônio sociopolítico, e a esquerda, a necessidade de se agarrar a uma ordem mental, a uma justa e imutável divisão dos papéis e lugares.

"A dona de casa quer ter um aspirador. Quer ter um *freezer*. É isso o movimento. Ao mesmo tempo, não quer que seu marido saia para a farra; que os meninos ponham os pés em cima da mesa, que as meninas não voltem tarde para casa. É isso a ordem", divertia-se o general De Gaulle por ocasião da campanha presidencial de 1965. Entrava ano, saía ano, a esquerda representava o partido do "aspirador", do "tudo é possível", e a direita, o lado do toque de recolher para as mocinhas, da "ordem justa". Hoje, o jogo é jogado ao contrário.

"Para os homens do Renascimento, tudo parecia possível", o senhor repetia como *leitmotiv* em seus discursos. Essa sensação resultava da desestabilização das referências, tabus, princípios, autoridades e crenças que estruturavam o mundo antigo, do esgotamento do sagrado e do religioso. Resumindo, do "relativismo" que o senhor criticou em 68. Apenas o homem que não se inscreve em nenhuma ordem preestabelecida pode acreditar que "tudo" é possível.

Seu *slogan* de campanha era na realidade profundamente sessenta-e-oitista, renascentista ou romano. Relativista e subversivo.

Contei precedentemente como dois modelos políticos emergiram do vertiginoso "tudo é possível" vivenciado pelo homem renascentista: um logo fecharia esse campo de liberdade em nome da ordem; o outro iria deixá-lo viver, perenizando o caos que lhe é consubstancial.

Eu gostaria de voltar a isso por intermédio de dois quadros. O Renascimento é em primeiro lugar um assunto de pintura, não acha? Quando, para grande lástima de Régis Debray, "o real reduz-se ao visível e o pensável ao filmável", a humanidade descobre em si um Leonardo qualquer para pintar o existente, utilizando o pincel na falta de câmera. Os detratores da televisão teriam provavelmente protestado contra a invenção da perspectiva, essa confusão da imagem e do real, em coro com a parte mais retrógrada da Igreja. Felizmente, o Renascimento não escutou seus Régis Debray.

Dois quadros, portanto, que representam dois modelos políticos.

Durante sua próxima visita a Roma, fuja por uns instantes do Quirinal ou do palácio Farnese e visite a igreja de San Luigi dei Francesi, a dois passos do Panteão e da Piazza Navona. Três magníficos Caravaggio narram ali a gesta de são Mateus, desde o encontro com Jesus até o martírio. Admire, no centro, o diálogo do apóstolo com um Anjo que desceu do Céu para lhe ditar os Evangelhos. A simplicidade da composição, a comunhão dos olhares, os pregueados juntando-se sem se tocar, a harmonia do desenho e das cores, tudo apazigua a alma nessa cena que eleva a humanidade acima de si mesma e a liberta enfim do fardo do pecado original.

Um detalhe, entretanto, vem romper a osmose mística: o banquinho no qual se ajoelha o velho santo vacila e ameaça cair em cima de nós a qualquer instante. Assistimos subitamente ao temerário encontro de um acrobata (o Anjo de Caravaggio nunca voa, fica pendurado nos lençóis da cama) e de um escriba cansado prestes a cair sobre o público. Se porventura o velho desistir da queda e se agarrar aos lençóis do Anjo, tudo irá desmoronar, céu e terra.

Esse banquinho instável é a origem impura e insuperável de Roma, o desequilíbrio inato que repercute em ecos até mesmo nos instantes mais sossegados e sagrados de sua história. Desse mero banquinho decorre a instabilidade criadora das sociedades em movimento, sua liberdade e sua grandeza, até mesmo sua vida, que, segundo Vaclav Havel, não passa da "recusa do *statu quo*".

O segundo quadro que proponho a seu olhar é a obra de um pintor igualmente genial. Ele oferece um outro caminho, o que o aconselharão a tomar seus sábios conselheiros e respeitosos cortesãos. É o retrato do doge Loredano pintado por Giovanni Bellini: a República tal como a eternidade a grava em si mesma. Um leve brilho dourado liga a roupa, símbolo da função, e a fisionomia do chefe, numa magnífica unidade, ainda enfatizada pela nuance azul do fundo. A cabeça parece pousada na roupa, a "consistência" domina a "existência". O indivíduo, mortal, dilui-se nos paramentos, imortais. Chama-se a isso de "continuidade do Estado", antídoto veneziano às turbulências do mundo e às vicissitudes da vida.

Cada povo tem sua história, e o senhor não irá trocar os ouros do Eliseu pela modéstia confortável do número 10 de Downing Street. A "ruptura" será apenas mais árdua de promover. O humanista metamorfoseia-se instantaneamente em papa austero ao vestir a túnica vaticana no *Galileu Galilei* de Brecht. O príncipe atípico e libertino transforma-se em rei severo quando colocam cerimoniosamente a coroa em seu crânio no *Falstaff* de Orson Welles.

Instante sagrado em que o indivíduo deixa de ser ele mesmo para tornar-se o Estado, inscrever-se numa tradição, códigos, costumes que o transcendem, momento veneziano por excelência que a nossa República herdou, por sua vez, de Versalhes e santifica mais que qualquer outro país europeu. Os burocratas anacrônicos dos nossos belos palácios transformariam um *punk* em modelo de imobilismo. Curiosa alienação do representante do povo que se torna servidor do Estado.

Tendo compreendido a natureza do poder e vendo-se fracos demais para enfrentá-lo, os sessenta-e-oitistas fugiram da política institucional como da peste. Ora, a sociedade quer que um dos seus tome a frente de uma máquina que só existe para servi-la. O Estado deve assumir a travessia da hora "caravaggiesca" da globalização e a "faxina" de Maio deve finalmente atingir esse grande totem veneziano fincado no coração de Roma.

Uma vez que se trata de um renascimento, não seja fiel às tradições que não fazem mais sentido. Giscard, ao receber Brejnev, recebia o amigo que "147 milhões de soviéticos escolheram livremente" (*sic*). Mitterrand aplaudia o *Putsch* de um bando de generais bêbados que sonhavam restaurar o comunismo em Moscou em agosto de 1991. Jacques Chirac passava férias em Sotchi, com seu grande amigo Putin, "um exemplo para o respeito dos povos e o diálogo entre as culturas" (re-*sic*). Era necessário o senhor inscrever-se em tal linhagem felicitando o mesmo Putin pelos seus 99% de votos colhidos na Chechênia nas eleições de dezembro de 2007?

A França é decerto coberta por um "longo manto de catedrais", mas nem por isso inventou o "ano I", a exaltação revolucionária da não-identidade consigo. Ruptura: eis a única maneira de ser realmente fiel à parte gloriosa de nossa história.

"O mundo não passa de uma gangorra perene. Todas as coisas vacilam incessantemente sobre ela; a terra, as rochas do Cáucaso, as pirâmides do Egito, por moto próprio e público. A própria constância não passa de uma gangorra mais suave. Não posso agarrar meu objeto. Ele vai tonto e cambaleante, de uma embriaguez natural. Tomo-o neste ponto, como ele é, no instante que me entretenho com ele. Não pinto o ser. Pinto a passagem: não a passagem de uma era para outra, ou, como diz o povo, de sete em sete anos, mas dia a dia, minuto a minuto. Convém ajustar minha história ao momento."[1] O maior pensador que já pisou o solo da

[1]*In Ensaios*, livro II, 2: "Do arrependimento".

França, Montaigne, esse sangue mestiço como o senhor, eu e a quase totalidade do nosso país, fornece a chave de uma ruptura bem-sucedida: "Ajustemos nossa história ao momento." Deixemos morrer a triste Veneza que ainda nos habita.

Acelere suas corridas, camarada presidente, o velho mundo ficou para trás.

Raphaël Glucksmann

Este livro foi composto na tipologia
Electra LH Regular, em corpo 11/15, e impresso
em papel off-white 80g/m² no Sistema Cameron
da Divisão Gráfica da Distribuidora Record.